AF247640

DOCTRINE

CATHOLIQUE

Sur la Soumission et la Fidélité

DUES AUX POUVOIRS ÉTABLIS

Défendue par M. BOUCHEZ

CONTRE

L'ÉMANCIPATEUR,

Journal légitimiste de Cambrai.

CAMBRAI,

Imprimerie et lithographie de J. CHANSON, libraire,
Place-au-Bois.

DOCTRINE CATHOLIQUE

SUR

LA SOUMISSION ET LA FIDÉLITÉ

DUES AUX POUVOIRS ÉTABLIS.

La concorde mutuelle de l'empire avec le sacerdoce fut toujours favorable et salutaire aux intérêts de la religion (1). Aussi, les journaux les plus dangereux aujourd'hui sont ceux qui cherchent à rompre cette concorde, et qui, sous prétexte de défendre l'Eglise, la représentent tous les jours comme *ennemie de l'empire,* et corrompent sa doctrine pour l'accommoder à leurs opinions politiques. M. Bouchez, convaincu de cette vérité, fit insérer dans la *Gazette Constitutionnelle de Cambrai,* l'article que voici :

L'*Emancipateur* a, le 22 septembre 1839, avancé la proposition suivante :

« On est libre d'accorder ou de refuser au pouvoir de fait, une simple *soumission temporaire,* qui, dans tous les cas, ne préjuge rien contre les droits du pouvoir légitime, et qui ne délie pas les Catholiques de l'obligation de lui rester fidèles. »

Le même journal a ensuite modifié ou expliqué cette proposition ainsi qu'il suit :

« On avait cru que par ces mots : on est libre d'accorder ou de *refuser* au pouvoir de fait une *soumission temporaire,* nous avions voulu dire qu'on pouvait refuser cette *soumission,* lorsque le pouvoir de fait était *pacifiquement établi.* Telle n'a pas été notre prétention. »

---

(1) Lettre encyclique du souverain pontife, Grégoire XVI, du 15 août 1832.

Puis il ajoute :

« Que *tous les devoirs* qui sont imposés au Chrétien par la religion envers le souverain légitime, ne peuvent pas, sous peine de contradiction et d'absurdité, être en même tems commandés envers les *usurpateurs, tant qu'il existe un héritier légitime du trône, pour protester contre l'usurpation et revendiquer ses droits.* »

L'*Emancipateur* n'ayant donné aucune preuve à l'appui de ce qu'il a avancé, nous lui demanderons ce qu'il entend par *pouvoir de fait, simple soumission temporaire et pouvoir de fait pacifiquement établi.*

Admettant que *toute puissance vient de Dieu*, et que c'est par conséquent Dieu qui fait les rois ou qui donne la puissance à qui il lui plaît, nous demanderons encore ce que c'est qu'un *usurpateur*, et si celui que Dieu a fait roi à la place d'un autre, est et reste *usurpateur, tant qu'il existe un héritier légitime du roi remplacé pour protester contre l'usurpation et revendiquer ses droits*, c'est-à-dire, le pouvoir que Dieu lui a ôté pour le donner à un autre.

David a-t-il d'abord été *usurpateur* et *tous les devoirs* imposés par la religion envers le souverain légitime n'ont-ils pu être commandés envers le roi qui régnait à Hébron, tant qu'Isboseth, fils de Saül, *a existé pour revendiquer ses droits ?*

Suintila, après avoir fait reconnaître roi d'Espagne, son fils Ricimer, encore enfant, fut déposé ou forcé d'abdiquer, et Sisenand, un des grands du royaume, régna à sa place. *Tous les devoirs* que la religion imposait aux Espagnols envers leur souverain légitime, lorsqu'il était sur le trône, n'ont-ils pu être commandés envers Sisenand, tant que Suintila et Ricimer ont *existé pour revendiquer leurs droits ?*

L'*Emancipateur*, fier d'avoir battu l'*Univers*, répondit en ces termes :

« Que veut ici la *Gazette Constitutionnelle ?* comme tous les journaux orléanistes : essayer d'établir que l'usurpation est de droit divin en France. C'est là une grossière absurdité : car il n'y a pas de droit contre le droit, suivant l'admirable mot de Bossuet, qui foudroyera toujours ce sophisme, renouvelé à chaque usurpation.

» Nous voulons bien, toutefois, recommencer avec la *Gazette Constitutionnelle* la discussion que nous venons de soutenir à ce sujet contre l'*Univers*; mais à deux conditions : c'est qu'elle posera la question dans ses véritables termes; et que le champion qui nous jette le gant, signera, comme nous, ses articles.

» Sans ces deux conditions, nous déclarons que nous considérerons ses interrogations comme les provocations d'un agent de la police secrète qui cherche à nous attirer sur un terrain où il est difficile de faire deux pas sans tomber dans le piège des lois de septembre.

» En effet, si c'est une discussion sérieuse et loyale qu'on nous propose, notre adversaire ne doit pas craindre de se nommer.

» Si c'est un guet-à-pens qu'on nous dresse, nous n'y donnerons pas tête baissée.

» Enfin, nous ne voulons pas non plus tomber dans les puériles arguties de l'école avec des casuistes constitutionnels.

» Dans une question de politique française, il ne peut s'agir ni du droit Juif, ni du droit Visigoth.

» Qu'est-ce que le pouvoir légitime en France ? quand et comment usurpe-t-on ce pouvoir ? un Catholique doit-il se ranger du parti du roi légitime ou du parti de l'usurpateur ? un Catholique doit-il à ce dernier, en l'absence du roi de droit, autre chose qu'une soumission temporaire, dans le seul intérêt du bien public ? Voilà les véritables termes de la question.

» Hors de-là, il n'y a qu'une discussion oiseuse et sans résultats.

» La *Gazette Constitutionnelle* est elle de force à accepter le combat sur le terrain de la logique ? »

Déterminé par cette réponse, M. Bouchez se nomme et défend, dans diverses lettres (1) adressées à l'*Emancipateur*, la doctrine de l'Église sur la soumission et la fidélité dues aux souverains *établis et régnans*. Voici ces lettres telles qu'elles ont été publiées dans la *Gazette Constitutionnelle*.

----

(1) Les lettres de M. Bouchez n'ont pas pour objet de convaincre l'*Emancipateur*, mais de détromper ceux qui considèrent ce journal comme l'organe du clergé, et qui prennent de là occasion d'accuser l'Église d'être ennemie de l'empire.

Première Lettre.

Monsieur, je suis l'auteur de l'article publié dans la *Gazette Constitutionnelle*.

Dans votre numéro du 9 octobre dernier, vous avez dit :

« On avait cru que par ces mots : on est libre d'accorder ou de *refuser* au pouvoir de fait une *soumission temporaire*, nous avions voulu dire qu'on pouvait refuser cette *soumission*, lorsque le pouvoir de fait était *pacifiquement établi*. Telle n'a pas été notre prétention. »

Puis vous avez ajouté :

» Tous les devoirs qui sont imposés au Chrétien par la religion envers le souverain légitime, ne peuvent pas, sous peine de contradiction et d'absurdité, être en même tems commandés envers les *usurpateurs, tant qu'il existe un héritier légitime du trône pour protester contre l'usurpation et revendiquer ses droits.* »

Ce que vous avez là avancé, Monsieur, signifie, selon moi, que celui que Dieu a fait roi à la place d'un autre, est et reste *usurpateur, tant qu'il existe un héritier légitime du roi remplacé pour protester contre l'usurpation et revendiquer ses droits,* c'est-à-dire, le pouvoir que Dieu lui a ôté pour le donner à un autre, puisque, selon vous, *tous les devoirs* imposés envers le souverain légitime avant sa déposition ou son abdication ne peuvent, du vivant de son héritier légitime, être commandés envers celui que Dieu a établi pour le remplacer. Je vous ai donc demandé :

Qu'est-ce qu'un pouvoir de fait, une simple soumission temporaire et un pouvoir de fait *pacifiquement établi?* Qu'est-ce qu'un usurpateur? *Tous les devoirs* imposés par la religion envers le souverain légitime n'ont-ils pu être commandés envers le roi David, tant qu'Isboseth, fils de Saül, a existé pour revendiquer ses droits ? — Suintila ayant été déposé ou forcé d'abdiquer, après avoir fait reconnaître roi d'Espagne, son fils Ricimer, encore enfant, et Sisenand, un des grands du royaume, ayant pris sa place, *tous les devoirs* que la religion imposait aux Espagnols envers leur souverain légitime, lorsqu'il était sur le trône, n'ont-ils pu être commandés envers Sisenand, tant que Suintila et Ricimer ont existé pour revendiquer leurs droits ?

Je ne vous ai pas interrogé, Monsieur, sur ce qu'*est le pouvoir légitime en France;* je n'ai pas cherché à savoir *quand et comment on usurpe ce pouvoir,* etc., etc., parce que, dans ce cas, vous auriez pu, avec raison, *considérer ces interrogations comme les provocations d'un agent de la police secrète,* et m'accuser de *vous dresser un guet-à-pens.* Mais comme le pouvoir légitime est, sauf les formes, partout le même, que *toute puissance vient de Dieu,* en France comme dans tous les autres pays du monde, et que *tous les devoirs* imposés au Chrétien par la religion envers les *puissances établies* ont été, sont et seront toujours les mêmes dans tous les tems et dans tous les lieux, j'ai cru devoir vous parler de David et de Sisenand, afin de ne vous donner aucun prétexte d'alléguer les lois de septembre pour vous dispenser de me répondre catégoriquement.

Cependant, quand vous aurez fait voir à vos lecteurs comment cette proposition, « tous les devoirs qui sont imposés au Chrétien par la religion envers le souverain légitime, ne peuvent pas, sous peine de contradiction et d'absurdité, être en même tems commandés envers les usurpateurs, tant qu'il existe un héritier légitime du trône pour protester contre l'usurpation et revendiquer ses droits, » peut se concilier avec la doctrine de l'Eglise qui enseigne que *les chrétiens doivent aux princes qui les gouvernent, l'amour, le respect, l'obéis-*

sance, *la fidélité.....,* etc., j'examinerai avec vous, puisque vous le désirez, ce que c'est que le *pouvoir légitime en France? quand et comment on usurpe ce pouvoir?* et, si cela vous fait plaisir, quand et comment on le perd ?..., etc., etc. Lorsque vous aurez appris à vos lecteurs, ou plutôt lorsque vous m'aurez appris ce que c'est qu'un *usurpateur,* un *roi de droit,* une *soumission temporaire,* et ce que Bossuet entendait par cet admirable mot : *Il n'y a pas de droit contre le droit* (1) ; je vous dirai alors si *un catholique doit se ranger du parti du roi légitime ou du parti de l'usurpateur,* et s'il *doit à ce dernier, en l'absence du roi de droit, autre chose qu'une soumission temporaire.*

II.

Monsieur, vous avez avancé la proposition suivante :

« *Tous les devoirs* qui sont imposés au Chrétien par la religion envers le souverain légitime, ne peuvent pas, sous peine de contradiction et d'absurdité, être en même-tems commandés envers les usurpateurs, tant qu'il existe un héritier légitime du trône pour protester contre l'usurpation et revendiquer ses droits. »

Je vous ai dit que cela signifiait, selon moi, que « celui que Dieu fait roi à la place d'un autre, est et reste *usurpateur, tant qu'il existe un héritier légitime du roi remplacé pour protester contre l'usurpation et revendiquer ses droits,* c'est-à-dire, le pouvoir que

____

(1) « Jurieu se tourmente en vain, dit Bossuet, à prouver que le prince n'a pas le droit d'opprimer les peuples ni la religion ; car qui jamais a imaginé qu'un tel droit pût se trouver parmi les hommes, ni qu'il y eût un droit de renverser le droit même, c'est-à-dire, une raison pour agir contre la raison ; puisque le droit n'est autre chose que la raison même, et la raison la plus certaine, puisque c'est la raison reconnue par le consentement des hommes? »

L'*Emancipateur* a donc fait une fausse application des paroles de Bossuet.

Dieu lui a ôté pour le donner à un autre, puisque selon vous, *tous les devoirs* imposés envers le souverain légitime avant sa déposition ou son abdication ne peuvent, du vivant de son héritier légitime, être commandés envers celui que Dieu a établi pour le remplacer. » J'aurais pu ajouter qu'à ce compte, l'usurpation dans un pays, passant de père en fils, pourrait durer jusqu'à la fin des siècles ; car l'héritier légitime du roi remplacé pourrait se perpétuer jusque là pour protester par ses descendans contre les usurpateurs du trône de ses pères et revendiquer ses droits, sans que Dieu même pût jamais, dans ce cas, légitimer la famille régnante, autrement qu'en permettant l'extinction ou l'extermination de la race entière du prince détrôné.

Je vous ai donc prié de faire voir à vos lecteurs comment votre proposition pouvait se concilier avec la Doctrine de l'Eglise qui enseigne que *les chrétiens doivent*, non comme vous le dites aux *rois de droit*, mais *aux princes qui les gouvernent, l'amour, le respect, l'obéissance, la fidélité*, etc.

Au lieu d'imiter le sage qui n'assure rien qu'il ne prouve, vous me répondez :

« Dire que Dieu *remplace* un roi par un autre auquel on doit amour, fidélité, comme au roi détrôné, parce que Dieu *permet* qu'un prince ambitieux triomphe dans un complot tramé contre le roi légitime et parvienne à s'emparer du trône ; c'est avancer que Dieu légitime le vol, parce qu'il *permet* qu'il y ait des voleurs.... Les polémiques précédentes que nous avons eu la malencontreuse idée d'entamer avec M. Bouchez, nous ont prouvé qu'il n'y avait aucun moyen de nous entendre (1). Il nous permettra donc de ne point recommencer à sacrifier en pure perte un tems que nous pouvons l'un et l'autre beaucoup mieux employer (2). »

____

(1) Quand l'*Emancipateur* conformera sa politique à la religion, et non la religion à sa politique, il sera d'accord avec M. Bouchez.

(2) L'*Emancipateur* a raison ; mais il aurait dû songer plus tôt qu'avancer et soutenir une doctrine contraire à celle de l'Eglise, c'était *sacrifier en pure perte un tems qu'il pouvait beaucoup mieux employer*.

Cette réponse, Monsieur, me paraît encore plus extraordinaire que la proposition que je vous ai prié de prouver. Quand on commence une fois à s'écarter de la vérité, plus on va, plus on s'en éloigne. Vous faites donc bien de renoncer à la discussion. Je vous en félicite.

Non, Dieu ne légitime pas le vol; mais il peut légitimer le pouvoir qu'il donne. Dieu fait dire à Jéroboam par son prophète : *Je partagerai le royaume de Salomon, et je t'en donnerai dix tribus.* Est-ce ainsi que Dieu donne le bien d'autrui aux voleurs? Dieu défendit à Roboam de faire la guerre aux tribus qui avaient proclamé roi Jéroboam, *parce que, dit-il, cela s'est fait par ma volonté.* Dieu dit encore à Jéroboam : *Je te prendrai, et tu règneras sur tout ce que ton ame désire, et tu seras roi dans Israël. Si tu m'es fidèle, je te ferai une maison comme j'ai fait à David, et je te mettrai en possession d'Israël.*

Dieu exerce le même pouvoir sur les nations infidèles. *Va,* dit-il au prophète Elie, *retourne sur tes pas par le désert jusqu'à Damas, et quand tu y seras arrivé, tu oindras Hazaël* (1) *pour être roi de Syrie.*

Je vous le demande encore une fois, Monsieur, est-ce ainsi que Dieu donne le bien d'autrui aux voleurs? Vous avez lu sans doute que *toute puissance vient de Dieu,* et que c'est par conséquent Dieu qui fait les rois. Mais avez-vous lu quelque part que *tout vol vient de Dieu,* et que c'est Dieu qui fait les voleurs? Vous ne pouvez donc, en aucune manière, comparer celui que Dieu fait roi à la place d'un autre, à un individu qui dérobe le bien d'autrui, parce qu'il n'est écrit nulle part que Dieu donne aux voleurs le bien volé, tandis qu'il est dit partout dans l'Ecriture que c'est Dieu qui

---

(1) Hazaël, officier de Benadad Iᵉʳ, roi de Syrie, étouffa ce prince sous une couverture, et régna en sa place.

donne la puissance à qui il lui plaît. Tous les rois, quels qu'ils soient, règnent *par la grâce de Dieu.* Dire que les voleurs dérobent *par la grâce de Dieu,* serait un blasphème.

C'est Dieu qui fait et défait les rois, comme il lui plaît, et les peuples ne sont que les instrumens dont il se sert pour cela. Mais lorsque les rois sont faits, on est tenu de les respecter et de les honorer. *Jésus-Christ n'a pas examiné*, dit Bossuet, *comment était établie la puissance des Césars : c'est assez qu'il les trouvât établis et règnans : il voulait qu'on respectât dans leur autorité l'ordre de Dieu et le fondement du repos public.*

Je ne me fais pas, Monsieur, une royauté particulière et en quelque sorte indépendante de la volonté de Dieu. C'est la religion, et non mes affections, qui règle ma politique. J'accepte la royauté que Dieu a établie comme principe d'ordre, et je n'ai pas la prétention de borner les moyens dont la Providence peut se servir pour créer une royauté nouvelle et en même tems légitime. Je soutiens donc que, quand Dieu remplace un roi par un autre, les Chrétiens doivent au *roi établi et régnant, amour, fidélité...*, etc., et non, comme vous le prétendez, une *simple soumission temporaire.* En voici la preuve :

« Les Chrétiens doivent aux princes qui les gouvernent, et nous devons en particulier à Napoléon Ier, notre empereur, *l'amour*, le respect, l'obéissance, la *fidélité*, le service militaire, les tributs ordonnés pour la conservation et la défense de l'empire et de son trône ; nous lui devons encore des prières ferventes pour son salut et pour la prospérité spirituelle et temporelle de l'Etat. »

« Nous sommes tenus de tous ces devoirs envers notre empereur : 1° parce que Dieu, qui crée les empires et les distribue selon sa volonté, en comblant notre empereur de dons, soit dans la paix, soit dans la guerre, l'a établi notre souverain, l'a rendu le ministre de sa puissance et son image sur la terre. Honorer et servir notre empereur est donc honorer et servir Dieu même; 2° parce que notre seigneur Jésus-

Christ, tant par sa doctrine que par ses exemples, nous a enseigné lui même ce que nous devons à notre souverain : il est né en obéissant à l'édit de César-Auguste ; il a payé l'impôt prescrit ; et de même qu'il a ordonné de rendre à Dieu ce qui appartient à Dieu, il a aussi ordonné de rendre à César ce qui appartient à César (1).

Telle est, Monsieur, la doctrine de l'Eglise, que tous les vrais catholiques doivent professer, et remarquez bien que Napoléon était un souverain mis à la place d'un autre dont l'héritier légitime était toujours là *pour protester contre l'usurpation et revendiquer ses droits.* Vous vous êtes donc trompé en avançant que :

« *Tous les devoirs* qui sont imposés au Chrétien par la religion envers le souverain légitime, ne peuvent pas, *sous peine de contradiction et d'absurdité*, être en même-tems commandés envers les usurpateurs, tant qu'il existe un héritier légitime du trône pour protester contre l'usurpation et revendiquer ses droits. »

Ce n'est pas moi, mais l'Eglise, qui condamne votre proposition, et vous savez qu'elle ne fait jamais rien de contradictoire ni d'absurde. C'est donc avec l'Eglise que vous devez chercher à vous entendre. Quand vous serez d'accord avec elle, soyez persuadé que nous nous entendrons tous deux.

III.

Monsieur, dans votre réponse à ma seconde lettre, vous dites :

« Chez les Juifs, le gouvernement était purement théocratique : le roi légitime, chez eux, était l'homme désigné par la voix inspirée des prophètes, et que ces derniers avaient oint de l'huile sainte..., etc. Mais, en France, est-ce là l'ordre de succession établi ? Avons-nous des prophètes qui, par l'ordre de Dieu, fassent et défassent les rois ? »

---

(1) Catéchisme à l'usage de toutes les Eglises de l'empire français, approuvé par le cardinal Caprara, légat, représentant du St-Siége.

Le gouvernement des Juifs, au tems de Jéroboam, n'était plus une *théocratie*, mais une *monarchie*. Les Juifs, depuis Samuël, avaient rejeté le gouvernement de Dieu pour avoir un roi comme en avaient les autres nations. Les prophètes sacraient non-seulement ceux que vous appelez *rois légitimes*, mais encore ceux que vous traitez de *voleurs de trône*, comme si les trônes que *Dieu distribue selon sa volonté*, étaient des trônes *volés*. Le prophète Elie a oint Hazaël, *voleur de trône*; et Dieu dit à Jéhu, aussi *voleur de trône : Je vous ai sacré roi sur Israël.* Les seigneurs n'eurent pas plus tôt appris que Jéhu était sacré roi, qu'ils *prirent leurs manteaux, et, les étendant sous ses pieds en forme de tribunal, ils firent sonner la trompette, et crièrent : Jéhu est Roi.*

« Ces choses si extraordinaires, dit Bossuet, ne servent qu'à manifester ce que Dieu fait ordinairement d'une manière aussi efficace, quoique plus cachée. »

Dieu, je le sais, n'envoie pas de prophètes chez nous pour faire et défaire les rois ; mais il n'en est pas moins vrai que *toute puissance vient de Dieu*, en France comme dans tous les pays du monde, et que c'est Dieu qui fait et défait les rois, comme il lui plaît, sans qu'il soit tenu de suivre en cela *l'ordre de succession* dont vous parlez, parce que c'est lui qui établit les maisons régnantes et détermine le tems qu'elles doivent durer. *Tes enfans,* dit-il à Jéhu, *seront sur le trône jusqu'à la quatrième génération.*

J'ai donné ces terres à Nabuchodonosor, roi de Babylone. Ces peuples seront assujétis à lui, à son fils, et au fils de son fils, jusqu'à ce que le tems soit venu.

L'Eglise nous enseigne que c'est *Dieu qui crée les empires et les distribue selon sa volonté.* Et en parlant de Napoléon, autre *voleur de trône,* selon vous, puisqu'il n'a pas été fait souverain, suivant *l'ordre de succession,* auquel Dieu même, dans votre système, serait tenu de se conformer pour légitimer le pouvoir qu'il donne, elle dit que c'est *Dieu qui l'a établi souverain, l'a rendu le ministre de sa puissance et son image sur la terre*, et que *l'honorer et le servir*, c'est *honorer et servir Dieu même*.

Napoléon, ce *voleur de trône*, régnait donc *de droit divin*, puisque l'Eglise nous a enseigné que nous lui devions, comme au vertueux et bon Louis XVI, *l'amour, le respect, l'obéissance, la fidélité,* etc..., et que *manquer à notre devoir envers Napoléon*, c'était, *selon l'apôtre Saint-Paul, résister à l'ordre établi de Dieu même, et nous rendre dignes de la damnation éternelle.*

Telle est la doctrine que l'Eglise a enseignée, dans tous les tems et dans tous les lieux, envers tous les souverains *établis et régnans*. Est-ce là, Monsieur, la doctrine que vous professez? Si vous n'étiez qu'homme privé, je ne vous adresserais pas cette question, parce que vous ne seriez pas tenu d'y répondre. Mais étant rédacteur d'un journal, vous faites profession d'instruire le public, et à ce titre, vous devez à tous les lecteurs catholiques une déclaration franche et loyale de vos principes.

De deux choses l'une, ou vous vous êtes trompé en avançant que :

« *Tous les devoirs* qui sont imposés au Chrétien par la religion envers le souverain légitime, ne peuvent pas, sous peine de contradiction et d'absurdité, être en même tems commandés envers les usurpateurs, tant qu'il existe un héritier légitime du trône pour protester contre l'usurpation et revendiquer ses droits, »

Et alors vous devez l'avouer franchement, ou vous croyez toujours cette proposition conforme à la doctrine de l'Eglise, et dans ce cas, vous devez le prouver.

IV.

Monsieur, vous me priez de lire un « *canon inséré dans les Bréviaires de France*, » où l'Eglise

» commente d'une manière énergique les textes
» de Saint-Paul, en leur restituant leur véritable
» sens. »

Je connais bien ces paroles du prophète Osée,
annonçant la ruine de Samarie : *Ipsi regnaverunt,
et non ex me ; principes extiterunt et non cognovi* (1) ;
« ils ont régné par eux-mêmes, et non par moi ;
» ils ont été princes, et je ne l'ai point su. » Mais
je ne connais pas le commentaire de l'*Eglise* sur
les textes de Saint-Paul. Veuillez, Monsieur, me
citer le Concile qui a fait le *canon* dont vous parlez.
Je l'examinerai avec attention ; puis, je vous dirai
un mot du Catéchisme de l'Empire.

V.

Monsieur, je vous ai prié de me citer le Concile
qui a fait le *canon* où vous prétendez que *l'Eglise
commente d'une manière énergique les textes de Saint-
Paul, en leur restituant leur véritable sens.* En attendant cette citation, je vais examiner la dernière
réponse que vous m'avez faite.

Vous apprenez à vos lecteurs que vous êtes *pour
la légitimité contre l'usurpation*, et que le pape a
sacré Napoléon *non pas roi de France, mais empereur des Français.* C'est très bien ; mais cela ne
leur prouve pas que vous suivez la doctrine de
l'Eglise qui enseigne que *les Chrétiens doivent*, non

---

(1) Quelques auteurs ont ainsi expliqué les paroles du prophète Osée : *Ex se namque et non ex arbitrio summi rectoris
regnant, qui nequaquam divinitùs vocati, sed suâ cupiditate
accensi, culmen regiminis rapiunt potiùsquam adsequuntur.*

« En effet, ceux-là règnent par eux-mêmes et non par la
» volonté du souverain roi, qui, sans vocation divine, mais
» enflammés de leur propre cupidité, ravissent plutôt qu'ils
» n'obtiennent les rênes de l'Etat. »

C'est cette explication que l'*Emancipateur* a donnée pour
une décision de l'Eglise, et ce qui est encore plus extraordinaire pour un commentaire des textes de Saint-Paul.

à celui que vous appelez roi de droit, *mais au prince qui les gouverne, l'amour, le respect, l'obéissance, la fidélité*, etc.

Vous dites que *le cardinal Caprara a cru devoir faire quelques concessions à la dureté des tems.* De quelles concessions parlez-vous? de l'approbation du Catéchisme de l'Empire, en 1806? Mais tout le clergé a lui-même approuvé ce Catéchisme, en nous enseignant que nous devions, non à l'héritier légitime du bon Louis XVI, *mais à Napoléon, l'amour, le respect, l'obéissance, la fidélité*, etc., et que *manquer à notre devoir envers notre empereur,* c'était, *selon l'apôtre Saint-Paul, résister à l'ordre établi de Dieu même, et nous rendre dignes de la damnation éternelle.* L'Eglise, qui s'était montrée si grande, si courageuse, si orthodoxe, au milieu de la persécution et de la *terreur,* aurait-elle eu, en 1806, dans des tems plus calmes, après la tempête, la faiblesse ou la complaisance de nous enseigner une doctrine qui n'eût pas été celle de Jésus-Christ et des Apôtres? Vous ne le croyez pas. Vous savez bien que, quels que soient les tems, l'Eglise ne change pas en fait de doctrine. Vous avez vous-même publié que:

« Ce qui a été cru et enseigné dans les premiers siècles du christianisme, sur la fidélité due aux souverains, a été cru et enseigné de même dans les siècles qui ont suivi. L'Eglise catholique *ne s'est jamais démentie de l'ancienne tradition.* »

Dire aujourd'hui qu'elle *a cru devoir,* sous Napoléon, *faire* à cet égard *quelques concessions,* ce serait avancer qu'elle *s'est démentie de l'ancienne tradition,* et l'accuser d'accommoder au tems et aux circonstances le précepte de l'obéissance et de la fidélité dues *aux puissances ordonnées de Dieu.* Une telle accusation ne pourrait venir d'un vrai Catholique.

Vous comparez toujours celui que Dieu a fait roi à la place d'un autre, à un individu qui dérobe le bien d'autrui. Cette comparaison vous paraît sans doute belle, et vous vous en croyez peut-être l'inventeur. Eh bien ! vous vous trompez. Vous n'êtes, en cela, sans vous en apercevoir. que l'imitateur des Jurieu et des Buchanan, qui prétendaient aussi que le commandement fait par les Apôtres aux premiers Chrétiens, *d'être fidèles aux princes et de prier pour eux, était accommodé au tems.*

« Buchanan. dit Bossuet, a bien osé éluder la force de ce commandement apostolique, en disant qu'on priait bien pour les *voleurs*, afin que Dieu les convertit. *Impie et blasphémateur contre les puissances ordonnées de Dieu*, qui n'a point voulu ouvrir les yeux, ni entendre qu'on ne prie pas Dieu pour l'état et la condition des *voleurs*, et qu'on ne s'y soumet pas; mais qu'on prie Dieu pour l'état et la condition des princes, quoiqu'impies et persécuteurs, comme pour un état ordonné de Dieu, auquel on se soumet pour son amour. »

Vous voyez donc, Monsieur, que ce n'est pas d'aujourd'hui qu'on a comparé à des *voleurs* les souverains qu'on n'aimait pas.

Vous soutenez encore que :

« *Tous les devoirs* qui sont imposés au Chrétien par la religion envers le souverain légitime, ne peuvent pas, sous peine de *contradiction* et *d'absurdité*, être en même tems commandés envers les usurpateurs, tant qu'il existe un héritier légitime du trône pour protester contre l'usurpation et revendiquer ses droits. »

Et le Catéchisme de l'Empire vous prouve que *tous ces devoirs* ont été, sous peine de *damnation éternelle*, commandés par l'Eglise envers Napoléon, *en présence de l'héritier légitime du trône;* car, Louis XVIII était là pour protester contre l'usurpation et revendiquer ses droits. La proposition que vous soutenez est donc en contradiction manifeste avec la doctrine de l'Eglise, et il ne vous reste plus qu'à la *réprouver.*

Mais, je me trompe. Vous l'avez réprouvée, condamnée vous-même; et, ce qui le prouve, c'est la précaution que vous prenez de n'en rien dire dans les réponses que vous me faites. On voit que cette proposition vous accable, vous tue; et que vous n'oseriez la remettre textuellement sous les yeux de vos lecteurs, précédée immédiatement de ces trois mots : *Nous soutenons que,* et suivie aussi immédiatement de ceux-ci :

« Et M. Bouchez, au contraire, soutient que nous nous trompons; parce que *tous les devoirs* imposés au Chrétien par la religion envers le souverain légitime, ont été, dans le Catéchisme de l'Empire, commandés par l'Eglise envers Napoléon, sous peine de *damnation éternelle,* bien que Louis XVIII, héritier légitime du trône, existât pour protester contre l'usurpation et revendiquer ses droits. »

Si vous étiez, Monsieur, assez hardi pour reproduire ainsi dans votre journal la proposition que vous avez avancée et que je combats, il n'est pas un seul de vos lecteurs catholiques qui ne la condamne comme évidemment contraire à ce que l'Eglise a fait elle-même, en nous enseignant le Catéchisme de l'Empire.

« Napoléon, dites-vous, n'avait pas, à proprement parler, renversé le légitime héritier du trône. Ce trône, il l'avait trouvé brisé dans une mer de sang, l'anarchie révolutionnaire régnait dans tout son beau idéal; les autels du vrai Dieu gisaient à côté du trône. Napoléon substitua le despotisme militaire à l'anarchie, il releva les autels, et il eut mis le comble à sa gloire en relevant en même tems le trône de Saint-Louis. Mais il préféra s'élever lui-même en suprême dictateur sur les ruines fumantes de la république. Napoléon était évidemment l'homme suscité de Dieu. Sans aïeux et sans postérité, il avait été choisi par la Providence pour punir la nation et la ramener, avec sa verge de fer, vers son état normal. Quand il voulut se faire *dynastie,* et faire violence, en quelque sorte, aux volontés de Dieu, la droite du Très-Haut se retira de lui; il alla mourir sur le rocher de Sainte-Hélène, et le Roi de Rome s'est obscurément éteint dans le palais de Schœnbrunn. »

» Enfin, l'exception n'a jamais rien conclu contre la règle, et le pouvoir transitoire d'un homme aussi extraordinaire que Napoléon, entre l'anarchie et notre ancien gouvernement monarchique, ne prouve rien contre l'excellence (1) du prin-

____

(1) Personne, excepté les Républicains, ne conteste l'excellence de ce principe, sanctionné dans la Charte de 1830.

cipe français de succession , dans une même famille de rois , de mâle en mâle , par ordre de primogéniture ; ni rien en faveur de ceux qui usurpent le trône en violant cette loi fondamentale de notre droit politique.

» En résumé , Napoléon pouvait donc , à la rigueur , n'être pas confondu dans la catégorie de ces ambitieux princes qui *volent* le souverain pouvoir par cupidité. Il en était le détenteur provisoire et nécessaire pour un tems dans les secrètes vues de la Providence.

» Le Pape interprétait ainsi les volontés divines , quand il sacra Napoléon , non pas roi de France , mais *empereur des Français*,.... etc. »

Tout ce que vous dites-là , Monsieur , ne signifie rien , ou prouve que vous êtes dans l'erreur. Car , vous ne pouvez soutenir que Napoléon a été *suscité de Dieu* et *choisi par la Providence* , sans convenir en même tems qu'un autre peut aussi être suscité et choisi de la même manière , si non pour faire les mêmes choses , au moins pour en faire d'autres. L'exemple de cet homme *extraordinaire* prouve que Dieu peut , quand il veut , déroger au *principe français de succession , dans une même famille de rois , de mâle en mâle , par ordre de primogéniture*. Tous les souverains *établis et régnans* , sans aucune exception , ne sont , *dans les secrètes vues de la Providence* , que les *détenteurs provisoires et nécessaires* de la puissance que Dieu donne à qui il lui plaît pour un tems plus ou moins long , et ce n'est qu'à ce titre que nous leur devons obéissance et fidélité.

Détenteur , c'est celui qui tient , qui possède une chose. *Détenteur du pouvoir* , c'est celui qui tient , qui possède le pouvoir , c'est-à-dire , qui est souverain , qui gouverne ou qui règne ; et c'est à celui-là que nous devons obéissance et fidélité , parce que ces devoirs ne sont commandés nulle part , que je sache , envers celui qui ne gouverne pas ou qui ne règne pas , en un mot , qui n'est pas et *n'a jamais été détenteur du pouvoir*.

Mais , me direz-vous , on peut être , de droit ou de fait , détenteur du pouvoir , c'est-à-dire , souverain légitime ou usurpateur.

Eh bien ! dans ce cas, au lieu de faire entendre à vos lecteurs qu'il y a une différence entre sacrer un *roi* et sacrer un *empereur*, vous feriez mieux, ce me semble, de leur apprendre ce qu'était Napoléon ; s'il était, de droit ou de fait, *détenteur du pouvoir*, souverain légitime ou usurpateur. Il ne pouvait être que l'un ou l'autre ; car, à coup sûr, il n'était pas du *juste-milieu*. Vous en faites un trop bel éloge.

En résumé, dire que l'Eglise a fait des *concessions à la dureté des tems* en nous enseignant le Catéchisme de l'Empire, c'est l'accuser de *s'être démentie de l'ancienne tradition*, et d'avoir des doctrines de circonstance.

Comparer à des *voleurs* ceux à qui Dieu a donné le pouvoir, sous prétexte qu'ils l'ont usurpé, c'est être, dit Bossuet, *impie et blasphémateur contre les puissances ordonnées de Dieu.*

Objecter que Napoléon était *détenteur du pouvoir*, c'est ne rien dire, parce qu'on ne doit obéissance et fidélité qu'au prince *établi et régnant*, et non à celui qui n'est pas et n'a jamais été *détenteur du pouvoir.*

Avouer qu'il était souverain légitime, c'est reconnaître qu'on peut faire un roi légitime en France, sans se conformer au *principe français de succession, dans une même famille de rois, de mâle en mâle, par ordre de primogéniture.*

Enfin, dire qu'il était usurpateur, c'est convenir, contrairement à la proposition que vous avez avancée, que *tous les devoirs* imposés au Chrétien par la religion envers le souverain légitime, peuvent, sans *contradiction* et sans *absurdité*, être commandés envers *les usurpateurs*, puisque l'Eglise nous a enseigné ces mêmes devoirs envers Napoléon, *en présence de l'héritier légitime du trône.*

Maintenant, Monsieur, tirez-vous de là, si vous pouvez.

VI.

Monsieur, je ne *corromps* pas vos paroles. Je ne me donne pas non plus la *mission de défendre* l'Eglise catholique. L'Eglise n'a pas besoin de ma défense, non plus que de celle des journaux qui la compromettent tous les jours, au lieu de suivre le précepte de Saint-Pierre qui veut « que nous » soyons *soumis au roi pour l'amour de Dieu*, afin » que par ce moyen *nous fermions la bouche aux* » *ignorans et aux insensés* qui calomnient l'Eglise » *comme ennemie de l'empire.* » Mais je veux prouver que votre doctrine, sur la soumission et la fidélité qu'on doit aux souverains, n'est pas conforme à celle de l'Eglise. Pour cela, je ne choisis pas le journal. Je prends celui qui m'ouvre ses colonnes; et vous savez que vous n'avez pas été assez généreux, ni même assez juste, pour m'ouvrir les vôtres. Aussi, je remercie le journal qui m'a permis de repousser vos attaques.

Mais j'arrive au but principal de cette lettre. Vous n'avez sans doute pas oublié, Monsieur, que je vous ai déjà demandé deux fois quel est le Concile qui a fait le *canon* où vous prétendez que *l'Eglise commente d'une manière énergique les textes de Saint-Paul, en leur restituant leur véritable sens*, et vous ne me répondez pas.

Bien qu'il vous soit quelquefois arrivé d'avancer des choses contraires à la vérité (1), je ne suppose

____

(1) L'*Emancipateur*, à l'occasion du service funèbre du 27 juillet 1839, a dit que *le collége y avait envoyé ses élèves;* puis, il a ajouté : *« En voyant ces jeunes gens passer, plus d'un père de famille se demandait avec étonnement, si c'était une leçon d'insurrection que l'Université envoyait prendre à ses nourrissons. »*

La première assertion a pu n'être qu'une erreur; mais il n'en peut être de même de la seconde; car les élèves n'ayant pas été conduits au service, il est évident que les réflexions des pères de famille ne sont qu'une invention de l'*Emancipateur*. M. Bouchez a donc raison de dire qu'il est *quelquefois arrivé à ce journal d'avancer des choses contraires à la vérité.*

cependant pas que , dans une matière aussi grave,
puisqu'il s'agit, non d'une question politique,
mais d'une question religieuse, vous vous soyez
permis de donner pour une décision de l'Eglise ce
qui n'en serait pas une. Je viens donc vous prier
pour la troisième fois de citer le Concile qui a fait
le *canon* dont vous parlez dans votre numéro du
3o octobre dernier. Pendant que vous ferez la re-
cherche de ce Concile, j'examinerai votre dernière
réponse, et je vous ferai part de mes réflexions,

En attendant, je vous prie de ne pas triompher
avant la fin du combat.

VII.

Monsieur, je puis dire de vous ce que vous dites
de moi, qu'*il n'y a aucun moyen de faire revenir un
esprit opiniâtre d'une erreur invétérée*. Mais vous avez
beau faire, je ne m'écarterai pas de la question
pour répondre à des expressions et à des paroles
que je méprise, et qui ne peuvent convenir qu'à
une mauvaise cause.

Dans l'*Emancipateur* du 11 et du 22 septembre,
vous avez dit :

« L'*Univers*, abusant des textes de Saint-Paul, soutient que
les Catholiques doivent se soumettre à tous les pouvoirs *établis*,
et par conséquent au pouvoir de Juillet.

» On est libre d'accorder ou de refuser au pouvoir de fait,
une simple *soumission* temporaire, qui, dans tous les cas,
ne préjuge rien contre les droits du pouvoir légitime, et qui
ne délie pas les Catholiques de l'obligation de lui rester
fidèles. »

Cette dernière proposition ayant *paru à quelques
personnes présenter un sens téméraire*, vous l'avez,
dans votre numéro du 9 octobre, modifiée ou ex-
pliquée ainsi qu'il suit :

« On avait cru que par ces mots : On est libre d'accorder
ou de *refuser* au pouvoir de fait une *soumission temporaire*,
nous avions voulu dire qu'on pouvait refuser cette *soumission*,
lorsque le pouvoir de fait était pacifiquement établi. Telle n'a
pas été notre prétention. »

Puis, vous avez ajouté que :

« *Tous les devoirs* qui sont imposés au Chrétien par la religion envers le souverain légitime, ne peuvent pas, sous peine de contradiction et d'absurdité, être en même tems commandés envers les usurpateurs, tant qu'il existe un héritier légitime du trône pour protester contre l'usurpation et revendiquer ses droits.

» C'est, dites-vous, *abuser des textes de Saint-Paul*, que de soutenir que les Catholiques doivent se soumettre à tous les pouvoirs *établis*. »

Cela signifie, ce me semble, qu'il y a des *pouvoirs établis*, auxquels les Catholiques ne doivent pas se soumettre. Eh bien ! Monsieur, c'est là une erreur, et je le prouve.

C'est sous Tibère, non-seulement infidèle, mais encore méchant, que Jésus-Christ dit aux Juifs : *Rendez à César ce qui est à César*. Notre Seigneur reconnaît dans Pilate une *puissance que le ciel lui avait donnée sur lui-même*. C'est pourquoi il lui répond, lorsqu'il l'interroge juridiquement, comme il avait fait au pontife, et ne daigna dire un seul mot à Hérode, qui n'avait point de pouvoir dans le lieu où il était. Tibère descendait-il de David ou des Machabées? était-il souverain légitime de la Judée ? tous les Juifs le regardaient-ils comme tel? n'y avait-il pas parmi eux des *zélés* ou *zélateurs* qui ne reconnaissaient pas Tibère pour leur souverain, et qui prétendaient ne devoir de tributs qu'aux princes de leur nation? Cependant Jésus-Christ confondit ces zélés, qui s'appelleraient peut-être aujourd'hui légitimistes, en leur disant : *Rendez à César ce qui appartient à César*,

« Et il n'examina pas, dit Bossuet, comment était établie la puissance des Césars : c'est assez qu'il les trouvât *établis et régnans*; il voulait qu'on respectât dans leur autorité l'ordre de Dieu, et le fondement du repos public. »

Saint-Paul dit : « Que ton ame soit soumise aux puissances supérieures; car toute puissance est de Dieu : il n'y en a point que Dieu n'ait ordonnée. Ainsi, qui résiste à la puissance, résiste à l'ordre de Dieu...

« Avertissez-les d'être soumis aux princes et aux puissances, de leur obéir ponctuellement... »

Dieu a fait les rois et les princes ses lieutenans sur la terre, afin de rendre leur autorité sacrée et inviolable. C'est ce qui fait dire au même Saint-Paul qu'*ils sont ministres de Dieu*, d'où il conclut :

« Qu'on doit leur obéir par nécessité, non-seulement par la crainte de la colère, mais encore par l'obligation de la conscience. »

Saint-Pierre dit aussi : « Soyez soumis pour l'amour de Dieu à l'ordre établi parmi les hommes. Soyez soumis au roi, comme à celui qui a la puissance suprême, parce que c'est la volonté de Dieu. »

Remarquez bien, Monsieur, que les Apôtres n'ont pas dit : *Soyez soumis aux puissances légitimes*, parce qu'au lieu d'obéir, on aurait discuté, comme nous le faisons, et que souvent il aurait fallu qu'un tribunal infaillible décidât si telle puissance établie était légitime ou non, avant qu'on se crût obligé de s'y soumettre ; ce qui eut été contraire à l'ordre public que Dieu défend de troubler, et qui ne peut exister sans une soumission continuelle aux pouvoirs *établis* pour le maintenir.

Mais ils ont dit :

« Soyez soumis aux puissances supérieures, *potestatibus sublimioribus*; à l'ordre établi parmi les hommes, à toute créature humaine, *omni humanæ creaturæ*. »

C'est-à-dire, à tout homme établi en dignité, quel qu'il soit, parce qu'un pouvoir *établi* ou un homme constitué en dignité est un fait évident et incontestable pour tout le monde, pour les savans comme pour les ignorans, et que, quand cet homme n'ordonne rien de contraire à la loi de Dieu, personne ne peut jamais se croire dispensé de lui être soumis, sous prétexte que le pouvoir dont il est revêtu n'est pas légitime.

Les premiers Chrétiens, suivant les instructions qu'ils avaient reçues de Jésus-Christ et des Apôtres, disaient aux persécuteurs par la bouche de Ter-

Iulien, non pas, que c'est bien fait de servir l'empereur, mais que c'est une chose due, *debita imperatoribus*, et due à titre de religion et de piété, *pietas et religio imperatoribus debita*: ni, qu'il est bon d'aimer le prince, mais que c'est une obligation, et qu'on ne peut s'en empêcher, à moins de cesser en même tems d'aimer Dieu qui l'a établi, *necesse est ut et ipsum diligat*.

« *Nous prions*, ajoutait-il, pour *tous les empereurs.* » Pour *tous*, remarquez, bons ou mauvais, « et nous demandons à Dieu qu'il leur donne une longue vie, un règne heureux, une famille tranquille, de courageuses armées, un sénat fidèle, un peuple juste et obéissant, et que le monde soit en repos sous leur autorité. »

Saint-Hilaire enseignait que *le règne et l'autorité de régner vient de Dieu.* C'est aussi ce qu'enseignait Osius, dans le tems de sa glorieuse confession, lorsqu'il écrivait à l'empereur Constance :

» Dieu vous a commis l'empire et à nous l'Eglise; et celui qui affaiblit votre empire par des discours pleins de haine et de malignité, s'oppose à l'ordre établi de Dieu. »

« Les soldats de Julien l'apostat, disait Saint-Augustin, distinguaient le roi éternel du roi temporel, et demeuraient assujétis au roi temporel, pour l'amour du roi éternel. parce que, poursuit le même père, lorsque les impies deviennent rois, c'est Dieu qui le fait ainsi pour exercer son peuple; de sorte qu'on ne peut ne pas rendre *à cette puissance l'honneur qui lui est dû.* »

Saint-Augustin fait ici deux choses qui sont décisives : 1° Il pose en fait constant et public, l'obéissance et la fidélité des Chrétiens envers Julien, élu à la place de Constance : 2° il montre que cette pratique constante et universelle des Chrétiens était fondée sur les maximes inébranlables de l'Eglise, en sorte « qu'on ne pouvait pas refuser » à cette puissance l'honneur qui lui était dû ; *non » poterat non reddi honos ei debitus potestati.* »

En conséquence de cette doctrine apostolique, les premiers Chrétiens, quoique persécutés, n'ont jamais cessé d'être soumis et fidèles à tous les pouvoirs *établis*, quels qu'ils fussent, et de quelque manière qu'ils fussent établis. Tertulien nous apprend leurs sentimens à cet égard, et nous les voyons dans toute la suite de l'histoire ecclésiastique. Ils priaient pour les empereurs, même au milieu des supplices auxquels ils étaient injustement condamnés. *Courage*, dit Tertulien, *arrachez, ô bons juges, arrachez aux Chrétiens une ame, qui répand des vœux pour l'empereur.*

Je vous le demande, Monsieur, ces féroces tyrans de Rome auxquels les Chrétiens ont toujours été soumis et fidèles, étaient-ils tous légitimes? La ruse, la force, la violence, la scélératesse, tous les crimes enfin ne leur tenaient-ils pas le plus souvent lieu de légitimité et de bon droit? Les premiers Chrétiens se trompaient donc, en se soumettant à tous ces sanguinaires pouvoirs établis, ou vous vous êtes trompé vous-même, en avançant que c'est *abuser des textes de Saint-Paul que de soutenir que les Catholiques doivent se soumettre à tous les pouvoirs établis.* De quel côté est l'erreur? répondez.

C'est sur les paroles mêmes de Jésus-Christ et des Apôtres que l'Eglise s'est toujours appuyée pour enseigner aux Chrétiens l'obéissance et la fidélité qu'ils doivent à tous les souverains *établis et régnans.* Lisez les Conciles et vous verrez que les devoirs dus aux puissances supérieures, y sont recommandés aux fidèles, en termes généraux, comme Jésus-Christ et les Apôtres les recommandaient aux premiers Chrétiens.

Le quatrième Concile de Tolède prononce un anathème terrible contre quiconque osera violer le serment de fidélité fait au roi. Il le répète jusqu'à trois fois, et tout le peuple répond : *Anathème Maranatha, et que son partage soit avec Judas Iscarioth.*

Mais, savez-vous, Monsieur, quel était alors le

roi d'Espagne? Eh bien! c'était Sisénand, *voleur de trône*, qui, aidé de Dagobert, roi de France, s'était fait reconnaître roi d'Espagne à la place de Suintila. Les pères de ce Concile, après avoir prié Sisénand et ses successeurs d'observer la justice, ajoutent :

« Nous déclarons, de l'avis de la nation, que nous n'aurons jamais de société avec Suintila, sa femme, ni ses enfans ; que nous ne les élèverons à aucun honneur, et qu'ils perdront même leurs biens, excepté ce que la bonté du roi leur en laissera. »

Suintila avait régné dix ans. Il s'était distingué par de grandes actions. Après avoir chassé les Romains, il avait réuni toute l'Espagne sous sa domination. Cependant, il est déposé ou forcé d'abdiquer, et son jeune fils Ricimer, déjà reconnu roi, privé de ses droits à la couronne. Sisénand s'empare du pouvoir, et c'est contre ceux qui ne seront pas fidèles à ce dernier que le Concile de Tolède prononce anathème.

Vous voyez, Monsieur, que c'est *en présence* de Suintila et de son fils Ricimer, tous deux reconnus rois, que ce Concile, composé de soixante-deux évêques et présidé par Saint Isidore de Séville, recommande, sous peine d'anathème, l'obéissance et la fidélité envers Sisénand, qui, selon vous, ne pouvait être qu'un *usurpateur*, un *voleur de trône*. Vous avez vu aussi que l'Eglise avait enseigné les mêmes devoirs envers Napoléon, *en présence* de Louis XVIII, héritier légitime du trône.

Allons, Monsieur, l'Eglise a parlé. *Humiliez-vous donc, reconnaissez* que vous défendez une mauvaise cause, que vous *avez eu tort* de traiter *mon argumentation de sacrilège ; et si vous êtes sincère catholique, fléchissez humblement le genou, et venez faire amende honorable devant l'Eglise*, notre mère, et les saints évêques qui composaient le Concile de Tolède.

Qu'opposez-vous à l'autorité de l'Eglise ? celle d'Estius et de Saint-Thomas. Je ne parle pas de Saint-Augustin ; ce qu'il dit des Chrétiens , sous Julien l'apostat, vous condamne. Mais est-ce que vous mettez l'autorité d'Estius et de Saint-Thomas au-dessus de celle de l'Eglise ? Je ne le pense pas. Vous devez savoir qu'il est permis de n'être pas toujours de l'avis des Théologiens. Mais qu'on ne peut être Catholique sans être du sentiment de l'Eglise.

N'ayant pas , comme vous, le talent de tout traiter à la fois, j'examinerai, dans une autre lettre, vos objections tirées d'Estius et de Saint-Thomas; puis, je vous parlerai de votre *canon* et de tout ce que vous me dites d'agréable à ce sujet. Mais, auparavant, dites-nous ce que vous entendez par *usurpateur* et *roi légitime*, en d'autres termes, quand celui qui gouverne peut être appelé *usurpateur* ou *roi légitime*. Vous devez le savoir ; car vous ne pouvez pas dire qu'un usurpateur est un *voleur*, sans connaître la différence qu'il y a entre un roi légitime et un usurpateur; autrement, vous risquez de nous donner pour un voleur, le premier au lieu du second.

VIII.

Monsieur, j'ai prouvé, dans ma dernière lettre, que la soumission et la fidélité que les premiers chrétiens ont cru devoir à tous les souverains *établis et régnans*, quels qu'ils fussent, et de quelque manière qu'ils fussent établis, étaient fondées sur la doctrine de Jésus-Christ et des Apôtres, et que l'Eglise avait suivi cette doctrine, en recommandant, sous peine d'anathème, l'obéissance et la fidélité envers Sisenand, en présence de Suintila, roi légitime, et envers Napoléon, en présence de Louis XVIII, héritier légitime du trône. Je pourrais donc m'en tenir-là jusqu'à ce que vous ayez produit une décision de l'Eglise qui condamne le quatrième Concile de Tolède et le Catéchisme de l'Empire. Mais ayant promis de répondre à quelques-unes de vos objections les plus spécieuses, j'exécute ma promesse.

Je n'ai pas dit un seul mot des *formes du pouvoir théocratique chez les Juifs*, ni des *formes du pouvoir monarchique chez les Français*. Je n'ai donc pu, comme vous l'avez imaginé, confondre les formes de ces deux pouvoirs.

« Le peuple d'Israël se réduisit de lui-même à la monarchie, comme étant le gouvernement universellement reçu. *Etablissez-nous un roi pour nous juger, comme en ont tous les autres peuples.* Si Dieu se fâche, c'est à cause que jusque-là il avait gouverné ce peuple par lui-même, et qu'il en était le vrai roi. C'est pourquoi il dit à Samuël : *Ce n'est pas toi qu'ils rejettent ; c'est moi qu'ils ne veulent point pour régner sur eux.* »

De ces paroles de Bossuet, j'ai conclu que le gouvernement des Juifs, au tems de Jéroboam, n'était plus une *théocratie*, comme au tems de Samuël, mais une *monarchie*. Si cette conclusion est mauvaise, prouvez-le ; je n'y tiens pas, parce que, quelles que soient les formes du gouvernement, il est certain que *toute puissance vient de Dieu* en France, comme dans tous les pays du monde.

Bossuet parle des devoirs dus aux puissances *établies*, comme Jésus-Christ et les Apôtres en ont parlé, sans distinguer celles qui sont ordonnées de Dieu, de celles qui, selon vous, ne seraient que *tolérées* de Dieu. Il dit :

« Quand Jésus-Christ répondit aux Juifs : *Rendez à César ce qui est dû à César*, il n'examina pas comment était établie la puissance des Césars : c'est assez qu'il les trouvât *établis et régnans* : il voulait qu'on respectât dans leur autorité l'ordre de Dieu, et le fondement du repos public. »

Bossuet pensait donc que, dès qu'une puissance était établie, on devait respecter en elle l'ordre de Dieu, et le fondement du repos public, sans examiner si elle était *ordonnée* (1) ou seulement *tolérée* de Dieu, puisqu'il fait lui-même observer que Jésus-Christ n'a pas fait cet examen, lorsqu'il répondit aux Juifs : *Rendez à César ce qui est dû à César.*

Vous me présentez, comme des *objections sérieuses, l'usurpation punie dans Athalie*, et le sentiment de *Fénélon sur les textes de Saint-Paul.*

L'usurpation punie dans Athalie n'est pas une objection plus sérieuse que la légitimité punie dans Joas. Athalie, dit l'Ecriture, *fit tuer tous les princes de la race royale, et régna* ; puis, elle *fut tuée par l'épée.* Joas *fit lapider Zacharie* et *fut tué en sa maison de Mello.* Où avez-vous vu qu'Athalie avait été punie comme *usurpatrice?* L'Ecriture n'en dit pas un mot. Elle a été punie pour ses crimes, et Joas pour les siens. Voilà ce que l'Ecriture nous apprend, et rien de plus.

Vous prétendez, d'après Fénélon, que ceux qui, s'appuyant sur ce texte de Saint-Paul, *toute puissance vient de Dieu*, croient qu'*un roi de fait est un roi de droit*, sont dans l'erreur. Prouvez-le. Quant à moi, je ne sais pas ce que vous entendez par *un roi de fait* et *un roi de droit*. Je vous l'ai déjà demandé, et vous ne répondez pas. Vous prétendez encore, d'après l'illustre archevêque de Cambrai, *que le droit de propriété et le droit de sou-*

---

(1) *Est-ce que par ces mots ; il n'est pas de puissance qui ne vienne de Dieu,* se demande Saint-Jean-Chrysostôme, *on veut dire que tout prince soit ordonné de Dieu? nullement.*

Saint-Paul parle de la puissance et non du prince ; il dit : *Toute puissance vient de Dieu et non tout prince vient de Dieu.* On ne peut donc pas dire que *tout prince soit ordonné de Dieu,* mais seulement *toute puissance ;* voilà ce qu'enseigne Saint-Jean-Chrysostôme. C'est donc parce qu'il n'est pas de puissance qui ne vienne de Dieu, qu'on est tenu de respecter et d'honorer toutes celles qui sont établies même dans la personne des princes qui se conduisent mal et qui ne sont pas *ordonnés de Dieu.*

veraineté sont fondés sur les mêmes principes. Quel est le droit de propriété? quel est le droit de souveraineté? sur quels principes sont fondés ces deux droits? Expliquez-vous.

Vous ne pouvez assimiler les usurpateurs aux *voleurs*, sans savoir ce que c'est qu'un *usurpateur*. Dites-le donc. Vous ne pouvez pas non plus soutenir qu'on n'est pas tenu envers les *usurpateurs* aux mêmes devoirs qu'envers les rois légitimes, sans connaître la différence qu'il y a entre un *roi légitime* et un *usurpateur*. Dites-le donc.

Je n'ai pas défini les usurpateurs : *Des hommes que Dieu fait rois en la place des autres*. Mais je me suis servi de cette expression pour désigner ceux que vous regardez comme tels. Si j'avais voulu donner une définition des *usurpateurs*, je n'aurais certes pas donné celle-là. Mais vous, Monsieur, puisque vous pensiez que c'était-là la définition que j'en donnais, et que sans doute vous ne la trouviez pas bonne, pourquoi n'avez-vous pas donné la vôtre, pour prouver que la mienne était mauvaise.

Je ne prétends pas non plus, et je n'ai jamais prétendu, que l'Eglise nous impose envers les usurpateurs les mêmes devoirs qu'envers les rois légitimes. Mais j'ai soutenu et je soutiens encore que *tous les devoirs* imposés au Chrétien par la religion envers le *souverain légitime*, ont été, sous peine d'anathème, commandés par l'Eglise envers ceux que vous appelez usurpateurs. Le quatrième Concile de Tolède et le Catéchisme de l'empire le prouvent.

A l'autorité de l'Eglise vous opposez celle d'Estius et de Saint-Thomas. Cela me paraît un peu téméraire. Ce dernier est à la vérité un grand saint; mais vous ne le regardez sans doute pas comme infaillible. Quant à Estius, je n'en peux pas dire autant. Je suis persuadé qu'il était bon catholique. Mais je sais aussi qu'il a été disciple de Hessels et de Baïus, et qu'il a quelquefois emprunté leur façon de parler et peut-être leur façon de penser. Le pape Pie V a condamné soixante-seize propositions de Baïus. N'est-ce pas votre avis qu'on peut dire, sans être trop téméraire : *tel maître, tel disciple?* Quoiqu'il en soit, voici le passage d'Estius, cité par vous :

« *Le pouvoir usurpé*, tel qu'est *celui* des tyrans et des voleurs, *n'est pas absolument un pouvoir* ou une supériorité, de même que les lois mauvaises et inutiles ne sont pas des lois. Néanmoins, cette espèce de pouvoir vient aussi, à sa façon, de Dieu, et Saint-Augustin lui applique de tems en tems la parole de l'apôtre (toute puissance vient de Dieu), lorsqu'il nous enseigne que c'est aussi Dieu qui donne aux démons et aux méchans le pouvoir d'affliger et de persécuter les justes. En effet, dit Saint-Augustin, nul n'a de pouvoir contre eux, si ce pouvoir ne lui a été donné d'en haut; car toute puissance vient de Dieu, soit qu'il *l'ordonne*, soit qu'il la *permette*. »

Que signifient ces mots : *Le pouvoir usurpé, tel qu'est celui des tyrans ?* Estius ne veut-il pas dire que le pouvoir des tyrans est un pouvoir *usurpé?* Il ne fait aucune distinction. Il dit : *Le pouvoir usurpé, tel qu'est celui des tyrans.* Le pouvoir des tyrans est donc un pouvoir *usurpé.* Cela me paraît évident. Mais comme, suivant le même auteur, *un pouvoir usurpé n'est pas absolument un pouvoir*, il s'en suit qu'on n'est pas tenu de s'y soumettre; car on ne doit pas de soumission à ce qui *n'est pas absolument un pouvoir.* Vous voyez, Monsieur, qu'en poussant un peu plus loin les conséquences qu'on peut naturellement tirer des paroles d'Estius, on prouverait sans peine que les premiers chrétiens n'étaient pas tenus de se soumettre aux cruels et féroces tyrans de Rome, et que s'ils l'ont fait, ce n'a pas été par devoir, mais par prudence, pour éviter un plus grand mal. C'est-là tout juste la doctrine des Jurieu et des Buchanan.

Mais je vous entends. Vous m'accusez de corrompre les paroles d'Estius, comme vous m'avez

accusé de *corrompre* les vôtres , « de prendre deux
» lambeaux de phrases , et d'en faire suer les plus
» absurdes conséquences. »

S'il en est ainsi , prouvez-le. Mais n'accusez pas ;
car vous savez qu'accuser n'est pas répondre. Expliquez ce qu'Estius veut dire par ces mots : *le pouvoir usurpé, tel qu'est celui des tyrans et des voleurs, n'est pas absolument un pouvoir.* Estius entend-il que le pouvoir de tous les tyrans est un pouvoir *usurpé et semblable à celui des voleurs ?*

Mais d'abord, les Théologiens distinguent deux sortes de tyrans, les uns d'*usurpation* et les autres d'*administration.* Le pouvoir de ces derniers n'étant pas un pouvoir *usurpé,* ne peut donc jamais être assimilé à celui des voleurs.

Puis, les voleurs n'ont pas de pouvoir, et personne ne leur en reconnaît. Ils ont bien , comme les autres hommes, la liberté ou la faculté de voler, d'agir bien ou mal, et même de se faire mettre en prison ; mais on ne peut assimiler cette liberté ou cette faculté au pouvoir de gouverner ou de régner que possèdent ceux que vous appelez *usurpateurs.* Sans doute, des voleurs peuvent s'entendre, se réunir, se nommer un chef, et convenir de lui obéir. Ce chef aura une sorte de pouvoir sur les voleurs comme lui. Mais de bonne foi, pouvez-vous croire qu'Estius ait voulu comparer le pouvoir d'un tel chef à celui que possède un homme que l'*État* ou la *République*, comme disent les Théologiens, a reconnu pour roi et avec lequel toutes les puissances du monde concourent en bonne intelligence à tout ce qu'elles croient être le bien général des peuples ? Quoi ! Estius asssimilerait les deux tiers, ou les trois quarts d'un grand peuple, des armées nombreuses, et peut-être vingt millions de citoyens de tout rang et de toute condition, qui reconnaîtraient cet homme pour souverain et lui seraient soumis en cette qualité dans

l'intérêt de la paix et de l'ordre public, à une bande
de brigands et de corsaires qui se nommeraient
un chef et conviendraient de lui obéir dans l'intérêt de leur brigandage ! Non, telle n'a pu être la
pensée d'Estius. S'il en était autrement, je vous
dirais : Rougissez, et ne dites plus qu'Estius est un
des plus grands docteurs, mais un des plus ridicules et des plus absurdes.

« Saint-Augustin, dit encore Estius, nous enseigne que
c'est aussi Dieu qui donne aux démons et aux méchans le
pouvoir d'affliger et de persécuter les justes. »

J'en conviens ; mais Saint-Augustin ne dit pas
que nous sommes tenus de *respecter* le pouvoir des
démons et des méchans, tandis qu'il nous apprend
que, quand les méchans et les impies, comme
Julien l'apostat, deviennent rois, c'est Dieu qu'il
le fait ainsi pour exercer son peuple, et qu'*on ne
peut refuser à cette puissance l'honneur qui lui est dû :
non poterat non reddi honos ei débitus protestati.*
Avez-vous vu quelque part qu'on fût tenu de respecter le pouvoir des voleurs ? Vous ne pouvez
donc assimiler un pouvoir auquel on ne doit rien
et qui, supposé qu'il existe, n'est reconnu de
personne, à celui qu'on doit honorer et respecter
dans l'intérêt de l'ordre public. Le pouvoir d'un
tyran, quel qu'il soit, est toujours établi en oppo-
sition à celui des voleurs. L'un ne peut donc jamais
être comparé à l'autre.

Le peuple de Constantinople, mécontent de
l'empereur Maurice, le déposa, et élut Phocas,
tyran cruel. Celui-ci, après avoir été couronné
empereur par le patriarche Cyriaque dans l'église
de Saint-Jean d'Hebdomon, fit périr Maurice avec
tous ses enfans. Certes, si jamais un tyran, un
usurpateur, comme vous dites, mérita d'être comparé à un voleur, ce fut Phocas. Eh bien ! le pape,
Saint-Grégoire, suivant les instructions de celui
dont il était le représentant sur la terre, n'a pas

examiné comment était établie la puissance de cet empereur. Le trouvant *établi et régnant*, il respecta dans l'autorité de ce tyran *l'ordre de Dieu et le fondement du repos public.* L'image de Phocas ayant été portée à Rome, le clergé la reçut avec de grandes acclamations, et Saint-Grégoire la fit placer dans l'Oratoire de Saint-Césaire ; puis, il écrivit à Phocas pour le féliciter de son avénement à la couronne. Est-ce ainsi qu'on honore les images des voleurs, et les papes leur écrivent-ils quelquefois pour les féliciter de leur avénement au pouvoir que vous leur reconnaissez? Je le répète donc, comparer à des voleurs ceux à qui Dieu donne le pouvoir de régner, sous prétexte qu'ils l'ont usurpé, c'est être, dit Bossuet, *impie et blasphémateur contre les puissances ordonnées de Dieu.*

J'arrive enfin à St-Thomas, le voici :

« Pour les princes séculiers, on n'est tenu de leur obéir qu'autant que l'exige l'ordre de la justice ; ainsi, quand leur pouvoir n'est pas juste, *mais usurpé*, ou bien quand ils commandent des choses injustes, les sujets ne sont pas tenus d'obéir : à moins que par hasard, dans un cas particulier, pour éviter le scandale ou un danger. »

Etes-vous bien d'accord avec Saint-Thomas ? Par *pouvoir usurpé*, entend-il la même chose que vous, et entendez-vous la même chose que lui ? Répondez, dites enfin ce que c'est qu'un usurpateur ? En attendant une réponse catégorique à cette question et à d'autres que je vous ai adressées, je vais, pour votre édification, vous citer aussi Saint-Thomas.

En parlant du tyran *d'administration*, c'est-à-dire, du prince légitime, Saint-Thomas dit :

« La multitude, en se soulevant contre le tyran, ne manque pas à la fidélité, quoiqu'elle la lui ait jurée ; parce que ce prince a mérité, en se comportant mal dans le gouvernement de la multitude, que ses sujets ne gardent pas envers lui la foi qu'ils lui ont promise. » (1)

---

(1) Non putanda est multitudo infideliter agere, tyrannum

Je n'irai pas plus loin. Le reste fait frémir. Mais je vous dirai avec franchise qu'en appelant les Théologiens à votre secours dans la question que nous traitons, vous avez commis une grande imprudence, et tiré sur vos propres troupes. Profitez de cet avis sincère.

IX.

Monsieur, vous ne répondez à aucune de mes questions, et vous chantez victoire. Vous promettez et vous ne donnez pas « le complément de la » dissertation où vous avez laissé Saint-Augustin, » Saint-Thomas et Estius défendre la *doctrine ca-* » *tholique sur la légitimité* contre les partisans de » l'usurpation. »

Je ne vous demanderai pas ce que vous entendez par *doctrine catholique sur la légitimité* ; car, vous ne le savez pas. *Doctrine catholique sur la légitimité*, ce sont-là des mots vides de sens, qui ne servent qu'à tromper les lecteurs et dont je vous défie de donner une définition claire. Mais à l'occasion d'un *canon* que vous avez cité sur la foi de l'hypocrite (1) *Gazette de France*, vous avez dit :

« Nous n'avons pas besoin de ce *canon* pour convaincre M. Bouchez d'*hérésie*, et nous venons de trouver dans les Conciles de quoi lui prouver qu'il *est excommunié* par le fait, s'il ne rétracte pas au plus tôt ses erreurs. »

J'aime à croire, Monsieur, que c'est sans réflexion que vous avez écrit ces lignes, et que vous n'avez pas songé que me faire ainsi passer pour

---

destituens, etiam si eidem in *perpetuum* se subjecerat ; quia hoc ipse meruit in multitudinis regimine se non fideliter gerens, ut exigit regis officium, quod ei pactum à subditis non reservatur. (Saint-Thomas, opusc. 20. lib. 1. cap. 6.)

On a rendu *destituens* par *se soulevant*, parce que ce n'est que de cette manière que la multitude peut destituer un roi.

(1) L'épithète d'*hypocrite* s'applique au journal et non aux journalistes, qui, comme hommes privés, sont sans doute tous estimables.

un *hérétique* et un *excommunié* aux yeux de ceux de vos lecteurs qui ne me connaissent pas bien, c'était m'accuser d'une chose fort grave, et vous rendre d'autant plus coupable que je ne suis pas sorti des bornes d'une discussion sérieuse. Comme particulier, je pourrais mépriser une accusation que je ne veux pas encore qualifier; mais comme chargé d'instruire la jeunesse, je ne puis me dispenser de la repousser de toutes mes forces. Vous n'avez en conséquence que l'un de ces trois partis à prendre : Prouver ce que vous avez avancé, vous rétracter, ou m'entendre publier que vous m'avez calomnié, et prouver qu'un journal, qui, au lieu de discuter, fait métier de déchirer la réputation d'autrui, loin d'être un journal religieux, n'est qu'un scandale de religion.

X.

Monsieur, je ne vous ai point traité d'*impie* ni de *blasphémateur*. Mais j'ai dit que comparer à des *voleurs* ceux à qui Dieu donne le pouvoir de régner, c'était, suivant Bossuet, *être impie et blasphémateur contre les puissances ordonnées de Dieu.* Si vous vous êtes fait l'application de ces paroles, j'en suis fâché. *Qui se sent morveux, se mouche.* Vous le savez bien. C'est votre principe.

Vous m'accusez de m'*emporter à des déclamations ridicules contre la* Gazette de France *, qui aurait droit à plus d'égards de la part d'un vrai catholique.*

Un journal qui donne pour une décision de l'Eglise ce qui n'en est pas une, peut avoir droit à des égards de la part d'un vrai catholique comme vous; mais de la part d'un *hérétique* et d'un *excommunié* comme moi, jamais. Le Concile de Calculth qui donne l'interprétation des paroles du prophète Osée : *Ils ont régné par eux-mêmes, et non par moi; ils ont été princes, et je ne l'ai point su,* prouve que le *canon* cité par vous sur la foi de la *Gazette de France*, n'existe pas (1).

Vous voulez que ceux qui sont *chargés d'instruire la jeunesse*, se bornent à cette mission, et sans doute qu'aucun d'eux ne s'avise jamais, soit en France, soit en Belgique, d'accuser les autres de *ne considérer la religion bonne que pour les enfans* (2).

Je suis de cet avis. Mais il ne faut pas non plus les attaquer, quand ils vont à la messe, ni imaginer que plus d'un père de famille, en voyant passer des jeunes gens qui ne passent pas, se demande si c'est une leçon d'insurrection que l'Université envoie prendre à ses nourrissons (3). N'est-ce pas là aussi votre avis ? Pourquoi donc avez-vous oublié ce précepte de l'Evangile : *Que celui qui est sans péché, jette la première pierre ?* Pourquoi, lorsque nous ne vous disions rien, vous êtes-vous permis de nous représenter, mes collègues et moi, comme des docteurs d'insurrection ? Parce que vous êtes journaliste et que vous dites *nous* au lieu de *moi,* vous croyez-vous dispensé d'observer les règles de la charité ? S'il en était ainsi, je vous dirais avec Massillon :

---

(1) Le Concile de Calculth recommande aux princes de se bien conduire, afin qu'on ne dise pas d'eux ; « Ils ont régné » par eux-mêmes et non par moi; ils ont été princes, et je ne « l'ai point su ; » *ne de eis dicatur : ipsi regnaverunt, et non ex me ; principes extiterunt et non cognovi;* mais qu'ils méritent d'entendre : « J'ai trouvé un homme selon mon cœur et qui » fait toutes mes volontés. » *Sed audire mereantur : inveni virum secundùm cor meum, qui facit omnes voluntates meas.*

C'est donc aux princes qui se conduisent mal, et non aux usurpateurs que s'appliquent les paroles du prophète Osée.

(2) Le rédacteur de l'*Emancipateur* a un frère chargé d'instruire la jeunesse en Belgique. Pourquoi n'a-t-il pas engagé ce frère à se borner à cette mission, au lieu d'accueillir dans son journal les lettres dans lesquelles il accuse les fonctionnaires du collége de Cambrai, de ne *considérer la religion bonne que pour les enfans ?*

(3) Voir la note de la septième lettre.

« Souvenez-vous que la piété ne vous donne pas un droit d'empire et d'autorité sur vos frères : que si vous n'êtes pas établis sur eux, et responsables de leur conduite ; s'ils tombent ou s'ils demeurent fermes, c'est l'affaire du Seigneur et non pas la vôtre : qu'ainsi vos plaintes publiques et éternelles sur leurs désordres, partent d'un fond d'orgueil, de malignité, de légèreté, d'inquiétude ; que l'Eglise a ses pasteurs pour veiller sur le troupeau ; que l'arche a ses ministres qui la soutiennent, sans qu'un secours étranger et téméraire s'en mêle, et qu'enfin, loin de corriger par-là vos frères, vous déshonorez la piété, vous justifiez les discours des impies contre l'homme de bien, et vous les autorisez à dire, comme autrefois dans la sagesse : pourquoi celui-ci croit-il avoir droit de remplir les rues et les places publiques de plaintes et de clameurs contre notre conduite, et se fait-il un point de vertu de nous diffamer dans l'esprit de nos frères. »

Vous achèverez, dites-vous, « de démontrer à tout lecteur impartial que je me suis trompé gravement ; et vous laisserez décider, si c'est par *ignorance*, par *entêtement* ou par un *vil calcul d'intérêt* qui se farde d'un beau zèle pour la religion. »

Je ne suis pas, Monsieur, payé pour écrire. Je n'ai point d'opinion particulière sur la soumission et la fidélité dues aux pouvoirs établis. Je crois suivre en cela la doctrine de l'Eglise, et rien de plus. Si vous pouvez prouver que je m'en écarte, je changerai aussitôt, parce que c'est avec l'Eglise que je veux marcher. Mais vous, Monsieur, vous êtes journaliste, vous ne pouvez reculer sans vous perdre, vous vous êtes trop avancé ; vous devez défendre votre opinion, bonne ou mauvaise ; car vous êtes payé (1) pour cela. Je ne vous en fais pas un crime ; mais je vous avertis que votre position n'est pas la mienne, et qu'il ne vous appartient pas de venir me parler d'un *vil calcul d'intérêt*.

J'ai cité assez d'autorités pour mettre tout lecteur impartial à même de décider qui de nous deux se trompe *par ignorance, par entêtement ou par un vil calcul d'intérêt*. Je vais cependant en citer

---

(1) L'*Emancipateur* s'est beaucoup offensé du mot *payé*. Il avait sans doute oublié qu'un journal est une industrie qui doit rapporter quelque chose à celui qui l'exerce.

encore deux que vous ne manquerez sans doute pas d'excommunier avec moi.

Salmeron, nonce apostolique en Irlande, et théologien au Concile de Trente, dit :

« Puisqu'il nous est ordonné d'obéir sans distinction aux seigneurs et aux princes, même lorsqu'ils sont fâcheux et difficiles ; que les saints l'ont ainsi pratiqué, et que Jésus-Christ nous en a donné l'exemple, en se soumettant humblement à ces puissances, même à celle de César, tyran *usurpateur* de l'empire, ainsi qu'à Hérode, qui s'était emparé du trône, nous devons leur obéir. »

En 1832, le pape Grégoire XVI écrivit à tous les évêques :

« Comme nous avons appris que des écrits semés parmi le peuple proclament certaines doctrines qui ébranlent la fidélité et la soumission dues aux princes, et qui allument les flambeaux de la révolte, il faudra empêcher avec soin que les peuples ainsi trompés ne soient entraînés hors de la ligne de leurs devoirs. Que tous considèrent que, suivant l'avis de l'apôtre, *il n'y a point de puissance qui ne vienne de Dieu. Ainsi, celui qui résiste à la puissance, résiste à l'ordre de Dieu, et ceux qui résistent, s'attirent la condamnation à eux-mêmes.* Ainsi, les lois divines et humaines s'élèvent contre ceux qui s'efforcent d'ébranler, par des trames honteuses de révolte et de sédition, la fidélité aux princes, et de les précipiter du trône »

Convenez avec moi, Monsieur, que le souverain pontife signale ici, pour me servir de ses propres termes, une *honteuse souillure*, dont, j'en suis sûr, vous gémissez comme moi. En effet, combien d'écrivains et de journalistes ne voyons-nous pas aujourd'hui se proclamer par excellence les défenseurs du catholicisme, et ébranler en même tems, sans honte et sans pudeur, par des doctrines contraires à celles qu'ils se vantent de défendre, la *fidélité et la soumission dues aux princes.* Ecrivains, journalistes imprudens et aveugles, qui sapent eux-mêmes les fondemens de leurs propres principes, et qui s'imaginent pouvoir faire un jour respecter la royauté dans la personne des souverains de leur choix, après l'avoir avilie aux yeux des peuples dans la personne des souverains qu'ils méprisent et qu'ils détestent.

Aussi, le Saint-Père, frappé de ce désordre, rappelle avec quelle fidélité les premiers chrétiens servaient les empereurs et travaillaient au salut de l'empire, et ajoute :

« Ces beaux exemples de soumission inviolable aux princes, qui étaient une suite nécessaire des saints préceptes de la religion chrétienne, condamnent la détestable insolence et la méchanceté de ceux qui, tout enflammés de l'ardeur immodérée d'une liberté audacieuse, s'appliquent de toutes leurs forces à ébranler et à renverser tous les droits des puissances, tandis qu'au fond ils n'apportent aux peuples que la servitude sous le masque de la liberté (1). »

Maintenant, Monsieur, fulminez votre excommunion.

XI.

Monsieur, vous avez un talent singulier, c'est celui d'accuser les autres de tout ce dont vous vous rendez vous-même coupable. Je méprise donc vos *ignobles invectives* et toutes vos *insinuations outrageantes.*

Les Conciles que je lis dans votre numéro de ce jour, vous condamnent, et prouvent ce que je ne cesse de vous dire, que c'est sous peine d'anathème que l'Eglise, suivant les instructions qu'elle a reçues de Jésus-Christ et des Apôtres, a toujours enseigné et enseigne encore l'obéissance et la fidélité envers tous les souverains *établis et régnans,* sans aucune exception. Aussi, vous ne trouverez le mot *légitime* dans aucun Concile ; et quand, en citant celui de Loire, près d'Angers, vous dites qu'il *fit quatre canons, dont deux anathématisent ceux qui n'obéissent pas au roi légitime,* vous faites preuve d'ignorance ; car ce Concile ne dit pas *au*

---

(1) Grégoire XVI ne parle pas en particulier *des partisans de la souveraineté populaire,* comme le prétend l'*Emancipateur,* mais en général de tous ceux qui attentent aux droits des *puissances établies.*

roi légitime, mais *au pouvoir royal*, *potestati regiæ.*
Cette substitution des mots : *roi légitime*, aux mots :
pouvoir royal, n'est sans doute qu'une *peccadille*
pour un vrai catholique comme vous, mais assurément pour un *hérétique* et un *excommunié* comme
moi, c'eût été un *crime abominable*, une falsification digne de toutes les épithètes *outrageantes* dont
vous gratifiez si généreusement tous ceux qui ne
pensent pas comme vous. Mais avant de vous parler des Conciles, j'ai autre chose à vous dire.

Dans toutes mes lettres, je vous demande ce que
c'est qu'un *usurpateur* et un *roi légitime*, et vous ne
répondez pas. Pourquoi vous taire ainsi obstinément sur ce qui doit éclaircir une discussion dans
laquelle vous êtes assuré de triompher avec éclat ?
Votre triomphe dépendrait-il de votre silence ? On
serait tenté de le croire.

De deux choses l'une, ou vous êtes d'accord
avec Saint-Thomas, Estius, Suarez et M. Bouvier,
sur ce que c'est qu'un *usurpateur* et un *roi légitime ;*
et alors pourquoi ne le dites-vous pas ? Ou vous
n'êtes pas d'accord avec eux sur ce qu'on doit
entendre par *pouvoir usurpé* et *pouvoir légitime*, et
dans ce cas, comment osez-vous citer des Théologiens avec lesquels vous ne vous entendez pas.

Adoptez-vous sans restriction tous les principes
émis sur le *pouvoir usurpé* et le *pouvoir légitime*, par
les quatre Théologiens que vous invoquez à l'appui de votre opinion? Répondez catégoriquement
à cette question, ou si non, vous me donnerez le
droit de douter de votre franchise et de votre
loyauté.

XII.

Monsieur, vous parlez de deux *canons* du Concile de Loire, près d'Angers. L'un de ces *canons*,
celui qui, selon vous, définit les obligations imposées aux sujets, regarde l'obéissance et anathé

matise ceux qui n'obéissent pas au *pouvoir royal*, *potestati regiæ*; l'autre regarde les menées, les intrigues ou les mouvemens, à l'aide desquels on peut nuire à l'autorité, et anathématise quiconque sera convaincu d'avoir, par d'aussi perfides moyens, attaqué la *dignité royale, regiam dignitatem.* Vous citez ce dernier *canon* tout entier, mais vous le faites précéder de ces mots :

« Le Concile de Loire, près d'Angers, en 843, fit quatre *canons*, dont deux anathématisent ceux qui n'obéissent pas au *roi légitime.* »

N'est-ce pas là tromper les lecteurs et leur faire croire que ces mots, *roi légitime*, que vous avez eu soin de souligner, se trouvent dans les deux *canons* dont vous parlez, lorsqu'ils ne se trouvent ni dans l'un ni dans l'autre. Pourquoi avez-vous substitué ces mots : *roi légitime*, à ceux-ci : *pouvoir royal*, si non pour le besoin de votre cause ? Je prie donc tous mes concitoyens qui ont encore votre numéro, de le revoir et de constater euxmêmes de quel côté est la bonne foi. Pour ceux qui ne l'auraient plus, voici textuellement ce que vous avez dit :

« Le Concile de Loire, près d'Angers, en 843, fit quatre *canons*, dont deux anathématisent ceux qui n'obéissent pas au *roi légitime.* Ecoutez !

« Si quelqu'un est convaincu d'avoir attaqué par ruse, par malignité ou par perversité la dignité du roi, à moins qu'il n'ait donné pleine satisfaction de ce crime, qu'il soit anathème ! »

« Entendez-vous, M. Bouchez. »

Oui, Monsieur, j'entends fort bien que vos paroles font croire à vos lecteurs que ces mots : *roi légitime*, se trouvent dans deux *canons* qui conviennent à tous les tems et à tous les lieux, et qui sont faits pour tous les souverains *établis* et *régnans*, sans aucune exception.

Vous aimez beaucoup le mot *légitime*; vous désirez le trouver dans un Concile, et même le voir au bout des textes de Saint-Paul et de Saint-Pierre. Je conçois cela très bien. Aussi je ne vous en fais pas un reproche. Mais je vous dis que ce n'est pas là une raison pour faire croire que ce mot est où il n'est pas.

Persuadé que vous n'aviez pas voulu tromper vos lecteurs, en mettant *roi légitime* au lieu de *pouvoir royal*, je vous ai dit que vous faisiez *preuve d'ignorance*, et vous vous fâchez. Vous avez tort ; car maintenant je vais prouver ce que j'ai avancé.

Sur la foi de la *Gazette de France*, vous avez cité un prétendu *canon* que voici :

« Ipsi regnaverunt, et non ex me ; principes extiterunt et non cognovi. *Ex se namque et non ex arbitrio summi rectoris regnant*, qui *nequaquàm divinitùs vocati*, sed *suâ cupiditate accensi*, culmen regiminis *rapiunt* potiùs quam adsequuntur. »

Si vous n'aviez pas ignoré ce dont vous parliez, vous auriez vu aussitôt que ce prétendu *canon* commentait, non les *textes* de Saint-Paul, mais les paroles du prophète Osée, et vous ne m'auriez pas dit avec tant d'assurance ;

« Nous prions M. Bouchez de lire ce *canon* inséré dans les Bréviaires de France, où l'*Eglise* commente d'une manière énergique les textes de Saint Paul, en leur restituant leur véritable sens. »

Vous vous excusez de cette ignorance, en disant que vous n'avez cité le *canon* dont il s'agit, que d'après *M. de Genoude, prêtre versé dans l'étude des livres saints.* Mais je n'en crois rien ; car un prêtre n'aurait assurément pas pris les paroles du prophète Osée pour les textes de Saint-Paul. Votre excuse déshonore donc ceux que vous prétendez défendre.

Je vois que vous avez défini l'*usurpateur* et le *roi légitime* dans le résumé de votre dernier article. Mais la définition que vous donnez n'est pas semblable à celle que donnent Saint-Thomas, Estius, Suarez et M. Bouvier. Vous séparez-vous de ces quatre théologiens ou adoptez-vous sans restriction les principes qu'ils ont émis sur le *pouvoir usurpé* et le *pouvoir légitime?* Répondez catégoriquement.

Vous oubliez toujours, Monsieur, que depuis long-tems les injures de certains journalistes sont usées et n'injurient plus. Ne l'oubliez donc plus, je vous en prie.

XIII.

Monsieur, adoptez-vous sans restriction les principes que Saint-Thomas, Estius, Suarez et M. Bouvier ont émis sur le *pouvoir usurpé* et le *pouvoir légitime?* Répondez donc oui ou non.

Tous vos articles en réponse à mes lettres, sont intitulés : *Doctrine catholique sur le pouvoir légitime et l'usurpation.* Je connais bien la *doctrine catholique sur la soumission due aux puissances supérieures ;* mais ce n'est que dans certains journaux que j'ai vu émettre une *doctrine catholique sur le pouvoir légitime et l'usurpation.* Avant de prendre la défense de cette prétendue doctrine, vous auriez dû, ce me semble, prouver qu'elle existe, et en donner une définition claire. Je vous engage donc à le faire, autrement, ceux qui, comme moi, redoutent les doctrines nouvelles, seront en droit de se défier de celle dont vous intitulez vos articles, et de ne la considérer que comme l'invention hardie d'une politique inquiète, téméraire et dangereuse.

Vous définissez : « Le souverain légitime, celui qui règne en vertu de la constitution de son pays, et l'usurpateur, celui qui ne règne pas en vertu de cette constitution, ou qui usurpe le pouvoir par ruse ou par force. Le souverain légitime chez les Visigoths, c'était le roi élu par l'assemblée des grands et des évêques, et l'usurpateur, celui qui n'était pas élu par cette assemblée. »

Je ne trouve pas cette définition de l'*usurpateur* et du *roi légitime* bien exacte ; mais je la prends telle que vous la donnez, et je vais vous prouver que le souverain qui, d'après votre définition même, doit être qualifié d'*usurpateur* et de *voleur de trône*, est précisément celui envers qui le quatrième Concile de Tolède recommande, sous peine d'anathème, l'obéissance et la fidélité.

Suivant vous, « Suintila associa au trône son fils Ricimer ; les Visigoths, pour l'empêcher de *rendre héréditaire la couronne*, ce qui était une *usurpation* aux termes de leur constitution, le firent abdiquer, et élurent à sa place Sisenand. C'est cette élection faite suivant la constitution barbare encore des Visigoths, qui fut ratifiée par le Concile de Tolède. — Suintila usurpe, contre la loi d'élection, le pouvoir pour son fils. — La nation réclame son droit d'élection. — Suintila effrayé se dépouille lui-même de la royauté. — Sisenand est élu à sa place régulièrement, suivant la constitution des Visigoths. »

Voilà ce que vous dites, voici ce que dit l'histoire :

« Après la mort du roi, Reccarede II, les grands du royaume s'assemblèrent pour se choisir un maître. Ils élurent *tous d'une voix* Suintila, fils de Reccarede Ier. Il semble qu'on ne pouvait sans injustice lui disputer un trône, sur lequel ses ancêtres avaient été assis. Tout parlait pour ce prince, le courage qu'il avait fait paraître dans les dernières guerres, la gloire qu'il avait acquise, en soumettant les montagnards des Asturies ; mais par-dessus tout la mémoire du roi, Reccarede Ier, son père, dont le nom était encore en vénération parmi les Goths, lui gagnèrent l'affection de tous les ordres du royaume (1). »

Suintila fut élu roi à l'unanimité. La légitimité de ce prince est donc incontestable. Je continue l'histoire :

« Suintila, affermi sur le trône, résolut d'associer à sa couronne son fils Ricimer, et de le faire *reconnaître* pour son successeur. Quelque délicate que fut cette affaire, Suintila prit si bien ses mesures qu'il y réussit. Ricimer était d'un excellent naturel, et il commençait déjà à donner l'heureux présage qu'il marcherait un jour sur les traces de son père et de son aïeul. Cependant les grands ayant fait réflexion à la démarche que Suintila venait de faire, et à laquelle ils avaient *consenti*, ne purent voir sans dépit la couronne héréditaire dans une seule famille. Le droit de se choisir un roi et l'espérance de le devenir un jour, leur parurent des priviléges si

____

(1) Mariana. Histoire générale d'Espagne.

considérables qu'ils ne pouvaient concevoir comment ils avaient pu *donner les mains* à s'en voir dépouillés, et ils ne pensèrent plus qu'à faire descendre du trône ceux qu'*ils y avaient eux-mêmes élevés.* »

Vous voyez, Monsieur, que c'est avec le *consentement* des grands que Suintila associa son fils au trône. Il est vrai qu'ils se repentirent ensuite d'y avoir *consenti* dans la crainte de voir la couronne devenir héréditaire, et de perdre le droit de se choisir un roi, et l'espérance de le devenir un jour. Mais croyez-vous que ce repentir tardif et intéressé leur donnait le droit de chasser Suintila du trône, et d'élire un roi du vivant de ce prince? L'injustice ne vous paraît-elle pas d'autant plus grande que ce dernier n'avait rien fait seul, et que les grands restaient toujours, après la mort du père, les maîtres de faire une nouvelle élection et de maintenir ou non le fils sur le trône? Vous ne pouvez donc, sans faire violence à vos propres opinions, admettre que les grands avaient le droit de précipiter du trône ceux qu'ils *y avaient eux-mêmes élevés.* Car bien que la royauté fût élective, elle était cependant à vie; et par conséquent ses droits devaient pendant la vie du prince être tout aussi sacrés que si elle eût été héréditaire.

Vous prétendez que « Suintila ayant associé au trône son fils Ricimer, les Visigoths, pour l'empêcher de rendre la couronne héréditaire, ce qui était une *usurpation* aux termes de leur constitution, le firent abdiquer. »

Mais d'abord, Suintila n'avait rien fait sans le *consentement* des grands. On lit, à la vérité, dans l'histoire, qu'il désirait rendre la couronne héréditaire, ce qui pouvait être autant dans l'intérêt de la nation que dans le sien; mais on ne voit nulle part qu'il se soit arrogé un pouvoir qui ne lui appartenait pas. Il n'a donc pu être accusé d'avoir *usurpé* un droit que la constitution ne lui donnait pas.

Puis, aux *termes* de la constitution des Visigoths,

supposé qu'il y eut chez eux une constitution écri-
te, ce qui est fort douteux, les rois, avant comme
après Suintila, pouvaient associer au trône leurs
fils ou leurs parens, à l'exemple des empereurs
romains; c'est ce que firent Liuva, Leuvigilde,
Chindasuinthe, etc., sans exciter le moindre mé-
contentement. Suintila n'avait donc commis aucune *usurpation*, et ce n'est pas pour avoir associé
son fils au trône avec le consentement des grands
qu'il a pu être dépouillé de ses droits à la couronne, mais pour avoir abusé du pouvoir et exercé
des cruautés sur ses sujets. Soutenir le contraire,
c'est faire mentir l'histoire et le quatrième Concile
de Tolède.

Voyons maintenant comment Sisenand est parvenu au trône, et s'il a, comme vous le dites,
été élu régulièrement suivant la constitution des Visi-
goths. Je laisse parler l'histoire.

« Suintila fut dépouillé de son royaume par les *intrigues* et
la *trahison* de Sisenand. Ce dernier était brave et entrepre-
nant. Il avait de l'expérience dans la guerre. Ses grandes
richesses le mettaient en état de tout oser, et le rendaient
presque maître absolu du peuple, qu'il avait gagné par ses
libéralités. L'aversion extrême, et le mépris que tout le royaume avait pour Suintila, depuis qu'il s'était plongé dans les plus
honteuses débauches, fut pour Sisenand une conjoncture
favorable, dont il sut se servir adroitement pour monter sur
le trône. Mais comprenant que ses forces seules et ses richesses
n'étaient pas suffisantes, pour exécuter un projet si hardi et
si périlleux, il eut recours à Dagobert, roi de France, à qui
il fit représenter par des agens sûrs que presque tous les grands
étaient de son parti, mais que la crainte les empêchait de se
déclarer. Les agens de Sisenand réussirent auprès de Dagobert. Abundance et Vénérandus partirent de France à la tête
d'une armée nombreuse de Bourguignons, et arrivèrent à
Sarragosse. Les grands qui avaient des liaisons secrètes avec
Sisenand, et qui jusque-là n'avaient osé se déclarer, se joi-
gnirent à lui, et levèrent le masque, dès qu'ils virent l'armée
française dans le pays, en état de les seconder. Toute l'Espagne prit les armes, et l'infortuné Suintila se vit abandonné de
tous ses sujets et chassé du trône. »

Voilà ce que l'histoire atteste. Si, à vos yeux,

Sisenand n'est pas un *usurpateur*, un *voleur de trône*, c'est que vous avez renié vos propres principes pour le besoin de votre cause. Car bien qu'en Espagne la couronne fût élective, ce n'était cependant qu'après la mort du roi régulièrement élu qu'on pouvait en prendre un autre. Le quatrième Concile de Tolède le dit positivement : *Mais qu'après la mort paisible du roi, les grands de toute la nation, d'accord avec le clergé, réunis en assemblée, établissent le successeur du trône.* Sisenand n'a pas été *régulièrement élu suivant la constitution des Visigoths.* Mais il a usurpé le pouvoir à force d'adresse, d'intrigues et de corruption; enfin, il s'est emparé du trône par la trahison et à l'aide des armées étrangères. C'est donc un *usurpateur* aux termes de la-définition que vous avez donnée; et venir dire le contraire, c'est cesser d'être ce que vous êtes, *légitimiste.*

Réfléchissez donc, Monsieur, et voyez combien peu vous êtes d'accord avec vous-même. D'après les principes que vous soutenez, Julien l'apostat ne pouvait devenir souverain légitime qu'après la mort de Constance, et Phocas, qu'après le meurtre de l'empereur Maurice, et vous prétendez que du vivant de Suintila, dont la légitimité était incontestable, on pouvait donner le titre de souverain légitime à Sisenand qui s'était mis à la tête de la révolte contre son roi légitime, et s'était emparé du trône par la violence, et comme dit le célèbre Isidore de Badajoz, *per tyrannidem regnum invassisse.* La définition que vous avez donnée de l'*usurpateur* convient donc parfaitement à Sisenand envers qui le quatrième Concile de Tolède recommande, sous peine d'anathème, l'obéissance et la fidélité.

Les Goths, mécontens de la conduite de Suintila, leur roi, se révoltent contre lui; Sisenand, un des grands du royaume, se met à la tête de la révolte, chasse son souverain légitime, et monte sur le trône, sans avoir été élu suivant la constitution du pays. La troisième année de son règne, Sisenand, craignant d'être chassé à son tour par les partisans de celui dont il avait usurpé le pouvoir, et *voulant*, dit Fleury, *autoriser sa domination*, fit assembler le quatrième Concile de Tolède. Ce Concile, bien que Suintila existât encore pour protester contre l'usurpation et revendiquer ses droits, recommanda, sous peine d'anathème, l'obéissance et la fidélité envers Sisenand, qui, d'après vos propres principes, ne pouvait être qu'un *usurpateur*, un *voleur de trône*. Le quatrième Concile de Tolède prouve donc ce que je soutiens, savoir, que *tous les devoirs* imposés au chrétien par la religion envers le *souverain légitime*, ont été, sous peine d'anathème, commandés par l'Eglise envers ceux que vous appelez *usurpateurs*, ou qui, d'après vos propres principes, doivent être considérés comme tels.

Vous citez plusieurs Conciles qui anathématisent ceux qui n'obéissent pas aux rois ou aux puissances. Mais ces Conciles conçus en termes généraux ne prouvent rien en faveur de votre opinion; et vous n'en trouverez aucun d'où vous puissiez conclure que c'est « abuser des textes de » Saint-Paul que de soutenir que les Catholiques » doivent se soumettre à tous les pouvoirs *établis*, » et par conséquent au pouvoir de Juillet. » Tous les Conciles condamnent ceux qui attentent à l'autorité ou à la vie des princes, parce que l'Eglise n'approuve jamais la révolte ni les entreprises contraires à l'autorité, même mauvaise. Mais ce qui vous trompe, c'est que vous confondez toujours le pouvoir avec les moyens à l'aide desquels on y parvient quelquefois. L'Eglise foudroie la révolte et la sédition, mais elle ordonne de respecter et d'honorer le pouvoir *établi*, quel qu'il soit , et de quelque manière qu'il soit établi , et la raison, c'est qu'aux yeux de l'Eglise , la tranquillité publique fondée sur l'ordre naturel que Dieu défend de troubler , passe avant tout, et par conséquent avant toutes les constitutions du monde , quelque belles qu'elles soient. Aussi, le quatrième Concile de Tolède , pour empêcher dans la suite les entreprises semblables à celle de Sisenand , alors si fréquentes, condamne la révolte en même-tems qu'il commande le respect envers le pouvoir né , non de la constitution , mais de la révolte même (1), et s'élève avec force contre la perfidie des peuples qui manquent au serment de fidélité fait à leurs rois , ou qui ne le prêtent que de *bouche* et avec *l'intention* de le violer (2).

Chindasuinthe , autre roi des Goths , ne s'est pas, comme Sisenand , révolté contre son souverain légitime. La mort imprévue de ce dernier lui épargna ce crime. Ayant gagné l'armée qu'il commandait , il s'empara du pouvoir contrairement à la constitution du pays. Mais cela n'empêcha pas le septième Concile de Tolède de déclarer *excommuniés* tous ceux qui *prendraient parti* contre l'autorité de cet usurpateur. Ces exemples seuls suffiraient pour prouver que la doctrine que vous soutenez n'est pas conforme à celle de l'Eglise.

---

(1) Le pouvoir né de la révolte est celui qui s'établit par suite d'une révolte, comme celui de Jéroboam , de Phocas , de Julien l'apostat , de Sisenand , etc... La Belgique se révolte contre son souverain légitime , le chasse et en prend un autre. Cet autre a un pouvoir qui vient de Dieu, quoiqu'établi par la révolte, que Dieu et l'Eglise condamnent ; et c'est à ce pouvoir né de la révolte ou auquel la révolte a donné lieu, que les Belges doivent obéissance et fidélité.

(2) Multarum gentium tanta extat perfidia animorum, ut fidem sacramento promissam regibus suis servare contemnant, et *ore simulent* juramenti professionem, dùm *retineant mente* perfidiæ impietatem..... (75ᵉ canon du Concile de Tolède.)

XIV.

Monsieur, vous me paraissez peu d'accord avec vous-même. Vous invoquez des Théologiens en faveur de votre opinion. Je vous demande si vous adoptez sans restriction les principes qu'ils ont émis sur le *pouvoir usurpé* et le *pouvoir légitime,* et vous ne me répondez pas. La réponse n'est cependant pas difficile ; vous n'avez qu'à dire oui ou non.

Je vous demande aussi ce que c'est que la *doctrine catholique sur le pouvoir légitime et l'usurpation.* Ici, votre silence ne m'étonne pas ; il ne doit pas, je le conçois, vous être facile de prouver l'existence d'une doctrine qui n'existe pas, ni d'en donner une définition claire. *Doctrine catholique sur le pouvoir légitime et l'usurpation,* ce sont là des mots que je vous défie de définir, et qui ne sont imaginés que pour tromper les lecteurs et donner une couleur religieuse à une opinion politique, et rien de plus.

Vous prétendez qu'*Athalie a été punie comme usurpatrice,* et moi, je prétends que vous n'en savez rien, parce que l'Ecriture ne le dit pas. Elle dit seulement : *Athalie fit tuer tous les princes de la race royale,* et *régna ;* puis, *elle fut tuée par l'ordre du grand-prêtre.* Vous la croyez sans doute plus coupable pour avoir *régné* que pour avoir commis des assassinats et des impiétés. Je n'ai rien à dire à cela. Vous êtes libre. Joas, dites-vous, *est tué dans son lit, par ses propres serviteurs,* et *Athalie, dans la maison du roi, par l'ordre du grand-prêtre,* et c'est dans *cette différence* de mort que vous voyez *le châtiment de l'usurpation.* J'avoue que vous voyez plus clair que moi. Henri IV meurt assassiné, Louis XVI meurt sur un échafaud, et Napoléon, que vous regardez comme un usurpateur, meurt dans *son lit,* peut-être aussi paisiblement que Charles X. Voyez-vous aussi le *châtiment de l'usurpation dans la différence de la mort de l'usurpateur et de celle des rois légitimes?* Dans tout cela, Monsieur, le vrai catholique ne voit que les jugemens de Dieu, qui sont toujours justes, mais impénétrables, incompréhensibles. Il les adore, et se garde bien de les faire servir à la politique.

Vous dites que « la révolte de Jéroboam et des » tribus qui le suivirent, quoique *permise* de Dieu, » ne laisse pas d'être détestée dans toute l'Écriture. »

Je suis de cet avis, et c'est pour cela que je soutiens qu'on doit toujours être soumis au pouvoir établi, quel qu'il soit.

L'Écriture condamne les dix tribus qui se soulèvent contre Roboam, mais Dieu *autorise* le pouvoir qui *s'établit par ce soulèvement,* et défend au roi de Juda de faire la guerre aux tribus révoltées, *parce que,* dit-il, *tout cela s'est fait par ma volonté.* Suivant Bossuet, « Jéroboam paraît devenir un » *roi légitime,* par le don que Dieu lui fit du nou- » veau royaume. Ses successeurs constamment » furent de vrais rois que Dieu fit sacrer par ses » prophètes. » Et vous convenez vous-même que les prophètes *n'ont jamais manqué à l'obéissance, ni inspiré la révolte, mais la soumission et le respect* non-seulement envers les rois de Juda, mais encore envers ceux d'Israël, dont le pouvoir ne s'était établi que par la révolte ; ce qui prouve que Dieu, tout en condamnant la révolte, veut qu'on respecte le pouvoir né de la révolte même.

Selon vous, « *l'usurpation,* comme la révolte, » est un énorme crime puni d'une manière éclatante par l'ordre de Dieu. »

C'est là une assertion sans preuve ; car le mot *usurpation* ne se trouve ni dans la Bible ni dans l'Évangile. Si jamais un *usurpateur,* dans le sens que vous entendez ce mot, a mérité d'être *puni d'une manière éclatante par l'ordre de Dieu*, ce fut Jéroboam. Eh bien ! voici ce que Dieu lui dit :

« Je vous prendrai et vous serez roi dans Israël. Si vous écoutez donc tout ce que je vous ordonne, si vous marchez dans mes voies, et que vous fassiez ce qui est juste et droit devant mes yeux, en gardant mes ordonnances et mes préceptes, comme a fait David mon serviteur, je serai avec vous, je vous ferai une maison, comme j'en ai fait une à mon serviteur David, et je vous mettrai en possession d'Israël. »

Jéroboam, devenu, par la révolte des dix tribus, maître d'un pouvoir qui appartenait à Roboam, héritier légitime de Salomon, oublie tout ce que le Seigneur lui a ordonné, et Dieu lui fait dire par le prophète Ahias :

« Je vous ai établi chef d'Israël mon peuple, j'ai divisé le royaume de la maison de David, et je vous l'ai donné, et vous n'avez point été comme mon serviteur David, qui a gardé mes commandemens ; mais vous avez fait plus de mal que tous ceux qui ont été avant vous, et vous vous êtes forgé des Dieux étrangers et jetés en fonte, pour irriter ma colère, et vous m'avez rejeté derrière vous. C'est pourquoi je ferai tomber toutes sortes de maux sur la maison de Jéroboam.... etc. »

Vous le voyez, Monsieur, si Jéroboam a été puni, s'il n'a pas eu une maison comme David, c'est pour n'avoir pas marché dans les voies de Dieu, et n'avoir pas gardé les ordonnances et les préceptes du Seigneur, et non pour avoir *usurpé* un pouvoir qui ne lui appartenait pas. Quand vous dites que *l'usurpation est un crime énorme puni d'une manière éclatante par l'ordre de Dieu*, vous avancez donc une chose que vous ignorez, et dont vous ne pouvez donner aucune preuve, puisque l'Ecriture n'en dit rien.

Je ne sais si Tibère était ou non ce que vous appelez *usurpateur ;* mais ce qu'il y a de certain, c'est qu'il y avait des Juifs qui le regardaient comme tel, et qui croyaient que lui payer tribut était une chose incompatible avec le service qu'ils devaient à Dieu. Jésus-Christ confondit ces Juifs, en leur disant : *Rendez à César ce qui est dû à César.*

En Espagne, après la chute de Suintila, il y eut des grands qui restèrent attachés au parti de ce prince. Ces légitimistes refusant de se soumettre à Sisenand, qu'ils regardaient comme un *usurpateur*, le quatrième Concile de Tolède les confondit, en prononçant anathème contre quiconque n'obéirait pas au souverain établi et régnant.

En 1806, il y avait aussi en France des légitimistes qui croyaient ne rien devoir à Napoléon, sous prétexte qu'il était *usurpateur*. L'Eglise, suivant l'exemple de Jésus-Christ, confondit ces légitimistes, en leur enseignant qu'ils devaient à Napoléon *l'obéissance et la fidélité*, et cela, en présence de Louis XVIII, *héritier légitime du trône*.

Vous m'objectez que c'est là une *exception qui ne conclut rien contre la règle*, qui est, selon vous, *qu'on n'est point tenu d'obéir aux usurpateurs comme aux rois légitimes*.

Où avez-vous vu cette règle? qui l'a faite? l'Eglise? Mais l'Eglise ne pouvait établir aucune règle à ce sujet, sans définir en même tems ce que c'était qu'un *usurpateur* et un *roi légitime*, de manière à ce que personne ne pût, dans aucun cas, prendre l'un pour l'autre; autrement, au lieu d'obéir, on aurait discuté, ce qui eut été, comme je l'ai déjà dit, contraire à l'ordre public, qui ne peut exister sans une soumission continuelle aux pouvoirs qui ne sont établis que pour le maintenir. Non, Monsieur, l'Eglise ne règle nulle part *qu'on n'est point tenu d'obéir aux usurpateurs comme aux rois légitimes*. L'exemple de Napoléon ne peut donc être une exception à une règle qui n'existe pas.

Vous me répondez que, d'après Saint-Thomas, *on ne doit pas à l'usurpateur l'obéissance qu'on doit au souverain légitime*.

Mais c'est là ce qui vous trompe; car d'après ce saint docteur et les autres théologiens, *l'usurpateur* n'est pas celui que vous regardez comme tel, mais celui que *l'Etat* ou la *République* ne reconnaît pas pour souverain, ou si l'on veut, celui qui s'empare du pouvoir sans le consentement ou contre la volonté de *l'Etat* ou de la *République*, c'est-à-dire de ceux qui, sous diverses dénominations, ont été, dans tous les tems et dans tous les pays, chargés de parler et d'agir au nom et dans l'intérêt des peuples. Ce n'est pas contre la volonté de *l'Etat* ou de la *République* que Napoléon s'est emparé du pouvoir en France. Il a été reconnu pour souverain. C'est là un fait incontestable. Il n'a donc pas été *usurpateur* suivant la définition que les Théologiens donnent de ce mot. Vous devez donc renier la doctrine de Saint-Thomas que vous invoquez en faveur de votre opinion, ou convenir qu'on devait à Napoléon l'obéissance et la fidélité comme au souverain que vous appelez *légitime.*

Pourquoi le mot *légitime* ne se trouve-t-il ni dans les Conciles, ni même dans les Catéchismes? Pourquoi ne le voit-on nulle part dans le sens que vous lui donnez, si non parce que la Bible, l'E-vangile, les textes de Saint-Paul et de Saint-Pierre, les Conciles n'enseignent que l'obéissance et la fidélité au pouvoir en général, sans examiner si ce pouvoir est ou non *légitime* dans le sens que vous l'entendez?

Je vous le répète, Monsieur, ce n'est pas mon opinion particulière ni celle des Théologiens que je suis dans la question que j'examine, mais la doctrine de l'Eglise. Et si vous pouvez, vous ou toute autre personne, produire une décision de l'Eglise qui déclare que les Catholiques ne doivent pas se soumettre à *tous les pouvoirs établis*, quels qu'ils soient, je me rendrai.

L'Eglise, suivant les instructions qu'elle a reçues de Jésus-Christ et des Apôtres, nous enseigne *l'obéissance et la fidélité* envers tous les souverains qui nous *gouvernent*. Telle est la règle qui doit être celle de tout bon catholique. Sans doute, l'Eglise ne nous défend pas de préférer pour souverains les uns aux autres. Elle nous laisse même libres de croire les uns légitimes et les autres usurpateurs, parce qu'elle n'a rien défini à cet égard. Mais elle nous prescrit les mêmes devoirs envers tous ceux qui nous *gouvernent*, et qui, comme disent les Théologiens, sont reconnus par l'*Etat* ou la *République ;* et elle veut qu'à l'exemple des premiers chrétiens, nous soyons soumis et fidèles à toutes les puissances supérieures, quelles qu'elles soient, et de quelque manière qu'elles soient établies.

L'Eglise nous a enseigné que nous devions à Napoléon l'*amour*, le *respect*, l'*obéissance*, la *fidélité*, les *tributs ordonnés*, des *prières ferventes pour son salut et pour la prospérité spirituelle et temporelle de l'Etat.*

Vous vous trompez, Monsieur, si, d'après les *Mémoires historiques sur les affaires ecclésiastiques de France au XIXe siècle*, vous croyez que l'Eglise n'a pas enseigné comme doctrine le passage du Catéchisme de l'Empire que je viens de citer, et cela, sous prétexte que ce *Catéchisme n'a pas été soumis à l'examen préalable des évêques.*

Cet examen était inutile, parce que ce n'était pas une doctrine nouvelle qu'on établissait. Le passage dont il s'agit, ne reproduisait que la doctrine de Jésus-Christ et des Apôtres, celle que l'Eglise a toujours enseignée, et que l'on trouve exposée presque dans les mêmes termes dans plusieurs Catéchismes, entr'autres dans celui de Montpellier, où on lit :

« On doit aux princes souverains, l'honneur, les services, la fidélité, l'attachement, l'obéissance, les tributs, la crainte respectueuse, les prières ferventes pour leur conservation, pour leur salut, pour la tranquillité et la prospérité spirituelle et temporelle de leur royaume. »

Ces devoirs commandés par l'Eglise envers Napoléon n'étaient pas nouveaux. C'étaient ceux que
les premiers chrétiens rendaient aux tyrans de
Rome, leurs persécuteurs. L'Eglise n'avait donc
pas besoin d'ériger en doctrine ce qui, depuis
Jésus-Christ, avait été enseigné et pratiqué comme
doctrine.

Quelques évêques, dites-vous encore d'après
les mêmes mémoires, trouvèrent qu'on avait mal
interprêté le passage de Saint-Paul, en disant que
« le manquement aux devoirs envers le souverain
» entraînait la damnation éternelle. »

Les devoirs envers le souverain sont de précepte,
et quiconque manque aux devoirs de précepte *en
matière considérable et avec un plein consentement de la
volonté*, pêche mortellement, et par conséquent se
rend digne de la damnation éternelle. C'est sous
peine d'anathème que le quatrième Concile de
Tolède recommande l'obéissance et la fidélité
envers le souverain. C'est sous la même peine que
le Concile de Loire, près d'Angers recommande
l'obéissance au *pouvoir royal*. Le Catéchisme de
l'Empire n'en dit pas davantage. Le blâme de
quelques évêques, supposé qu'il ait eu lieu, car
j'en doute, ne suffirait pas pour infirmer la décision des Conciles.

Suivant vous, « le droit héréditaire de couronnes et celui
de terres n'ont aucun fondement dans le droit naturel et pri-
mitif; mais ils sont tous deux fondés sur les mêmes principes
du droit civil, et doivent être tous deux également inviolables
dans tous les pays où ils sont établis. »

Les droits dont vous parlez, ayant été l'un et
l'autre, dans l'intérêt de tous et non dans celui
d'une famille unique, établis ou *confirmés par un
long usage* ou plutôt par le consentement de l'*Etat*
ou de la *République* représentant la société, doivent être inviolables et sacrés, tant qu'ils existent.
Mais ces mêmes droits n'étant pas, comme vous

en convenez vous-même, fondés sur le droit naturel, peuvent, si l'intérêt de la société l'exige, être changés ou modifiés *sans crime*, de la même manière qu'ils ont été établis ou confirmés. La loi qui donne le droit héréditaire des couronnes, et celle qui donne le droit héréditaire des biens, doivent, sans aucun doute, être toutes deux fondées sur la justice ; mais je n'admets pas que ces lois puissent être les mêmes, ni qu'un souverain puisse être maître d'un pays et d'un peuple, au même titre qu'un particulier l'est d'un champ et d'un vil troupeau ; et la raison, c'est que les terres et les animaux sont faits pour les hommes, tandis que les empires et les peuples ne sont pas faits pour les souverains, mais les souverains pour les peuples.

Tout pouvoir vient de Dieu ; mais les lois constitutives du pouvoir dépendent des peuples. Chaque pays les fait et les défait à son gré. Sans doute, les changemens dans ces lois sont loin d'être toujours conformes à la justice et avantageux aux peuples ; mais enfin cela les regarde. Jésus-Christ et les Apôtres ne s'en sont jamais mêlés, non plus que l'Eglise. Aussi, dès qu'un souverain est établi, qu'il est reconnu par l'*Etat* ou la *République*, l'Eglise n'examine pas comment a été établi ce souverain, c'est assez qu'il le soit, elle ordonne d'obéir, comme Jésus-Christ et les Apôtres l'ont ordonné. Voilà pourquoi l'Eglise nous a enseigné l'obéissance et la fidélité envers Napoléon. Ce n'a pas été parce que les tems étaient difficiles, mais parce que c'était la doctrine de Jésus-Christ et des Apôtres. Soutenir le contraire, ce serait calomnier l'Eglise, et l'accuser de s'être *démentie de l'ancienne tradition*, et d'avoir eu moins de courage, en 1806, dans des tems meilleurs, qu'elle n'en avait montré au milieu de la terreur révolutionnaire.

XV.

Monsieur, je continue ma réponse aux objections que vous m'avez adressées.

De ces paroles de Jésus-Christ aux Juifs : *Rendez à César ce qui est dû à César*, je conclus que les catholiques doivent au souverain qui les gouverne l'obéissance et la fidélité, sans examiner s'il est ou non *légitime* dans le sens que vous donnez à ce mot. Dès qu'un souverain est établi, qu'il possède le pouvoir, c'est-à-dire qu'il gouverne ou qu'il règne, que ce soit ou non en vertu d'une constitution quelconque, les catholiques sont tenus de lui être soumis et fidèles. Voilà ce que prouvent la réponse de Jésus-Christ aux Juifs, le quatrième Concile de Tolède et le Catéchisme de l'Empire.

Vous dites que « Fénélon prouve fort bien que » Tibère, sous lequel vivait Jésus-Christ, n'était » pas un usurpateur. »

Je ne sais si Fénélon a raison ou non ; mais ce qu'il y a de certain, c'est que Tibère n'était pas souverain *légitime* des Juifs d'après la définition que vous donnez de ce mot. Vous définissez le souverain légitime, *celui qui règne en vertu de la constitution de son pays*. Ce n'était pas en vertu de la constitution des Juifs que Tibère régnait en Judée ; donc il n'était pas le souverain légitime des Juifs ; et cependant, Jésus-Christ leur dit : *Rendez à César ce qui est dû à César.*

Mais, ajoutez-vous, *rien n'est plus concluant que le commentaire de St-Hilaire sur ce texte.*

« O l'admirable réponse, s'écrie ce grand saint. Il ne fallait pas dire à ceux du parti d'Hérode, qu'on ne devait pas payer le tribut à César, parce qu'ils auraient traité cette réponse de séditieuse. Il ne fallait pas répondre au peuple qu'on était obligé de payer ce tribut, parce qu'il aurait pris cela pour une injure qu'on faisait au peuple de Dieu. Jésus-Christ contente donc les partisans d'Hérode par cette parole très véritable, qu'il faut rendre à César ce qui est à César, et ne mécontente pas les Juifs, parce qu'il *ne décide pas expressément si ce tribut était dû à César, ou s'il ne lui était pas dû* : il dit seulement qu'il le lui faut *rendre au cas qu'il lui soit dû.* »

Après cette citation, vous ajoutez :

« Ainsi, quand l'opinion de Fénélon serait contestable pour ce qui concerne la légitimité de la domination des Romains sur les Juifs, le commentaire si raisonnable de Saint-Hilaire coupe court à toute discussion. »

Bien que vous ayez indiqué dans une note que c'était là un extrait des méditations de Chevassu, tous vos lecteurs ont dû prendre cet extrait pour le commentaire que St-Hilaire fait de la réponse de Jésus-Christ aux Juifs. Je suis persuadé que vous n'avez jamais lu St-Hilaire, autrement, vous n'auriez pas fait considérer comme étant de lui ce qui n'en est pas. Trompé, sans doute, par Chevassu, vous avez trompé vos lecteurs ; car de tout ce que vous citez comme venant de St-Hilaire, il n'y a que ces trois mots : *O admirable réponse*, qui soient de ce saint ; le reste est de Chevassu. Saint-Hilaire, il est vrai, commente les paroles de Jésus-Christ ; mais il les envisage sous le rapport de *la liberté des ames vouées uniquement à Dieu*, et non sous celui de la soumission due au pouvoir.

Selon Chevassu, Jésus-Christ *ne décide pas expressément si ce tribut était dû....* et Bossuet dit : *Notre seigneur le décide.* Tout le monde sait d'ailleurs que ces paroles de Jésus-Christ : *Rendez à César ce qui est à César, et à Dieu ce qui est à Dieu,* signifient :

« Ne vous servez plus du prétexte de la religion pour ne point payer le tribut. Dieu a ses droits séparés de ceux du prince. Vous obéissez à César ; la monnaie dont vous vous servez dans votre commerce, c'est César qui l'a fait battre ; et puisqu'il est votre souverain, reconnaissez sa souveraineté en lui payant le tribut qu'il impose. »

Vous m'objectez que *les Théologiens ne reconnaissent aucun droit à l'usurpation.*

Je le sais ; mais par *usurpation* les Théologiens n'entendent pas la même chose que vous, et vous n'entendez pas la même chose qu'eux. L'*usurpateur*, selon vous, c'est *celui qui ne règne pas en vertu de la constitution de son pays*. Les Théologiens ne parlent pas de constitution, et ne sont pas légiti-mistes comme vous. L'*usurpateur*, suivant eux, c'est celui que l'*Etat* ou la *République* ne reconnaît pas pour souverain.

Les Théologiens distinguent deux sortes de tyrans, l'un d'*usurpation* qu'ils appellent *tyran en titre, tyran quant à la substance, tyran proprement dit*; l'autre *d'administration* qu'ils appellent *tyran dans le régime* ou *dans la manière de gouverner*.

Le premier n'a aucune autorité. C'est un brigand qui s'empare du pouvoir tyranniquement et sans le *consentement de la République*, *tyrannide invasam rempublicam obtinuit, neque ipsa unquam consensit*, ou qui se rend maître de la république par la violence et les armes à la main, sans *nul consentement public des citoyens*, (1) *vi et armis rempublicam occupavit, nullo publico civium consensu*, comme les Turcs se sont emparés des royaumes d'Orient et d'autres pays voisins, *sicut Turca regna Orientis et alia vicina*.

Le second a une autorité à laquelle il est parvenu par succession, élection, ou autre droit, *vel hæreditate et electione, vel alio demùm jure*; mais cette autorité, il l'exerce d'une manière tyrannique.

Cette différence dans la nature de la tyrannie en met une dans le droit que les Théologiens accordent aux peuples sur ces deux espèces de tyrans.

A l'égard de l'*usurpateur*, c'est-à-dire, de celui

---

(1) Le consentement de tous les citoyens n'est pas nécessaire pour légitimer un roi. Saül, choisi de Dieu, était roi légitime ; cependant, *les enfans de Belial le méprisèrent.*

qui s'empare du pouvoir sans le *consentement de la république*, et qui, contre la justice et la raison, envahit les Etats d'autrui, *contra æquum et fas aliena regna invadit*. Les Théologiens autorisent la république à lui faire la guerre tout le tems que dure son usurpation ; c'est un ennemi public contre lequel l'Etat ou le prince régnant peut ordonner ou permettre à chaque citoyen de défendre son pays ; en vertu de cette permission ou de cet ordre, chaque particulier a droit de chasser l'*usurpateur* et d'en délivrer l'Etat, même en le *tuant*, s'il n'y a pas d'autre moyen, *si tyrannus aliter tolli non possit*. Ils ne reconnaissent en cela ni crime de lèse-majesté, ni régicide, parce que l'*usurpateur* dont il s'agit n'étant pas reconnu par la république, n'a aucun droit de supériorité et d'autorité sur ceux qu'il veut opprimer.

Il n'en est pas de même du prince *légitime*, c'est-à-dire, de celui que la *république* a reconnu pour souverain, ou qui est parvenu au pouvoir par succession, élection ou autre droit. Tous les auteurs qui ont traité cette question, enseignent qu'à quelques excès que ce prince porte la tyrannie, aucun particulier, quel qu'il soit, sous quelque prétexte que ce soit, ne peut, de *son autorité privée*, rien entreprendre contre lui, ni user, à son égard, d'aucune violence. Mais ils permettent à l'Etat ou à la République de prendre des mesures pour se garantir de la tyrannie. Selon eux, il y a une autorité publique supérieure au prince ; cette autorité réside dans le corps de l'Etat, qui peut en faire usage, lorsque le prince abuse du pouvoir, dont il n'a été revêtu que pour le bien de la nation. L'Etat en corps ne peut faire usage de cette autorité que dans une assemblée, et elle ne s'étend qu'aux moyens absolument nécessaires pour faire cesser la tyrannie. Si donc on peut mettre un frein à la violence du tyran sans le déposer, il n'est pas permis de procéder à sa déposition. Si elle est indispensable et qu'elle suffise, on ne doit pas aller au-delà. Enfin si la violence du tyran continue malgré sa déposition, ils permettent de porter contre lui une sentence de mort.

On lit dans les opuscules de St-Thomas, qui montrent, dit de Feller, *la justesse de son sens et sa prudence chrétienne :*

« Que la multitude en se soulevant contre la tyrannie du prince *légitime*, ne manque pas à la fidélité, quoiqu'elle la lui ait jurée ; parce que ce prince a mérité, en se comportant mal dans le gouvernement de la multitude, que ses sujets ne gardent pas envers lui la foi qu'ils lui ont promise. »

Le même docteur établissant :

« Que tout gouvernement tyrannique est un gouvernement injuste. »

En conclut :

« Que tout ce qui se fait pour renverser une semblable domination, ne mérite pas le nom de sédition. »

Et ajoute :

« Que le tyran est bien plus séditieux, lui qui donne lieu à la sédition. »

Je ne dis rien d'Estius ; il renvoie à St-Thomas. Mais Cajetan, cardinal, enseigne aussi :

« Que les Etats assemblés peuvent mettre un frein à la tyrannie du prince *légitime*, en le déposant et en le déclarant ennemi de la patrie ; que jusque là il n'est permis à aucun particulier d'attenter à sa personne ; mais qu'après ces formalités remplies, il est dans la classe du *tyran usurpateur.* »

Et alors..,. *licitè potest à quolibet de populo occidi tyrannus pro libertate populi.*

Suarez, que Paul V appelle *doctor eximius*, et Benoît XIV *la lumière de la théologie*, dit dans son ouvrage intitulé : *Défense de la foi catholique :*

« Un roi légitimement déposé n'est plus roi, ni prince légitime. Bien plus, si après une déposition légitime, il persévère dans son obstination et retient le royaume par violence, il commence dès-lors à porter le titre d'*usurpateur*. Après que sa sentence est prononcée, il est entièrement dépouillé de son royaume, en sorte qu'il ne peut plus le posséder à juste titre. Donc il pourra désormais être traité en toutes manières comme un *tyran en titre....* »

Et consequenter à quocumque privato poterit interfici.

Tels sont, Monsieur, les principes de tous les Théologiens anciens sur le pouvoir *usurpé* et le pouvoir *légitime*. Je vous les donne tels qu'ils ont été enseignés dans l'école, pendant plusieurs siècles, sans examiner s'ils sont bons ou mauvais, parce que c'est l'Eglise et non les Théologiens que je suis dans la question dont il s'agit.

De deux choses l'une, ou vous adoptez les principes des Théologiens anciens sur l'*usurpation* et la *légitimité*, et alors vous n'êtes pas *légitimiste* dans le sens que vous me paraissez donner à ce mot, et vous devez convenir : 1° Que l'*usurpateur* n'est pas celui que l'*Etat* ou la *République* reconnaît pour souverain, mais celui qui s'empare du pouvoir sans *nul consentement public* de l'Etat ou des citoyens ; 2° que les *Etats assemblés* peuvent *légitimement* déposer un roi *légitime*, et 3° que celui que les *Etats assemblés* choisissent pour remplacer le roi déposé, est souverain *légitime* et non *usurpateur*; ou vous n'adoptez pas les principes de ces Théologiens, et dans ce cas, vous n'en pouvez rien conclure en faveur de votre opinion, et au lieu d'invoquer à l'appui de vos propositions erronées des principes qui renversent tous les vôtres, vous feriez mieux, ce me semble, de vous en tenir à la doctrine de l'Eglise qui enseigne que

« Les catholiques doivent se soumettre à tous les pouvoirs établis, et par conséquent au pouvoir de Juillet. »

Vous n'êtes pas plus d'accord avec les Théologiens modernes qu'avec les anciens. M. Bouvier dit:

« L'*usurpateur* qui acquiert la suprême autorité par force et par astuce, n'est qu'un *grand voleur*, suivant l'*expression du scythe* de Quinte-Curce. »

Tout le monde sait qu'Alexandre-le-Grand, roi

de Macédoine, étant sur le point d'envahir la Scythie, des ambassadeurs de ce pays vinrent le trouver, et que l'un d'eux lui dit :

« Tu te vantes de venir pour exterminer les voleurs, et tu es toi-même le plus *grand voleur* de toutes les nations. »

Alexandre était un souverain *légitime;* mais par rapport aux Scythes dont il venait envahir le pays, ce n'était qu'un *usurpateur*, un *grand voleur*, et cela se conçoit. L'*usurpateur*, suivant M. Bouvier, est donc celui qui s'empare de l'autorité dans un pays contre la volonté des habitans de ce pays, et non celui qu'ils reconnaissent pour souverain, et qu'ils ont eux-mêmes élevé au pouvoir suprême.

Je suppose que l'empereur de Russie, ou tout autre, s'empare de la France contre la volonté des Français. Eh bien ! d'après M. Bouvier, tous les citoyens devront continuer d'obéir à Louis-Philippe ;

« Car par le seul fait de l'usurpation de Nicolas, ils ne pourront être déliés du *lien* de fidélité envers le roi des Français ; ainsi, à sa voix, ils devront prendre les armes contre l'usurpateur, l'attaquer, le vaincre et le chasser, s'ils le peuvent ; bien plus, si Louis-Philippe l'exige expressément, ils devront tuer l'usurpateur Nicolas comme un malfaiteur public. »

Vous avez donc contre vous, non-seulement la Bible, l'Evangile, les textes de St-Paul, l'Eglise enfin, mais encore tous les Théologiens anciens et modernes.

En résumé, je crois avoir prouvé aux yeux de tous ceux qui conforment leur politique à la religion, et non la religion à leur politique :

1° Que ce n'est pas, comme vous le dites,

« Abuser des textes de St Paul que de soutenir que les catholiques doivent se soumettre à tous les pouvoirs *établis*, et par conséquent au pouvoir de juillet (1). »

______

(1) Si la doctrine de l'Eglise, qui veut que les Catholiques soient soumis et fidèles à tous les pouvoirs *établis*, avait toujours été crue et professée par tous les Français, il n'y aurait

2° Qu'on peut être bon catholique sans être *royaliste* ou *légitimiste* à votre manière ; mais qu'on ne peut être bon chrétien, sans être soumis et fidèle au souverain qui nous *gouverne*, ainsi que l'église nous l'enseigne, à l'exemple de Jésus-Christ et des apôtres.

3° Que vous vous êtes trompé, en avançant que

« *Tous les devoirs* imposés au chrétien par la religion envers le souverain légitime, ne peuvent pas, sous peine de contradiction et d'absurdité, être en même tems commandés envers les *usurpateurs*, tant qu'il existe un héritier légitime du trône, pour protester contre l'usurpation et revendiquer ses droits. »

Puisque *ces mêmes devoirs* ont été, sous peine d'anathème, commandés par l'église envers Sisenand et Napoléon qui, d'après vos propres principes, ne peuvent être que des *usurpateurs*, des *voleurs* de trône.

4° Que l'église nous a enseigné l'obéissance et la fidélité envers Napoléon, non parce que les tems étaient difficiles, mais parce que c'était la doctrine de Jésus-Christ et des apôtres.

5° Que l'église n'ayant pas défini ce que c'est que la *légitimité* et l'*usurpation*, n'a pu régler qu'on *n'est pas tenu d'obéir aux usurpateurs comme aux rois légitimes*.

6° Qu'il n'y a pas de *doctrine catholique sur le pouvoir légitime et l'usurpation*, mais seulement une *doctrine catholique sur la soumission et la fidélité dues aux puissances ordonnées de Dieu*.

---

jamais eu de révolutions en France ; chaque citoyen se serait appliqué, non à détruire, mais à améliorer le pouvoir, et le 21 janvier ne serait pas aujourd'hui un jour à *jamais déplorable*. L'*Emancipateur* devrait donc condamner la doctrine contraire, c'est-à-dire la sienne. Mais il ne le fera pas, il attend de trop bons fruits d'une révolution nouvelle, pour prêcher une doctrine, qui, crue et professée par tous, mettrait pour jamais fin à toutes les révolutions.

7° Que l'église, par cela même qu'elle condamne la révolte, ordonne de respecter le pouvoir né de la révolte même, dès que ce pouvoir est *établi et reconnu*.

8° Que vous ne savez pas si Athalie a été ou non punie comme *usurpatrice*, parce que la Bible n'en dit rien.

9° Que l'Ecriture déteste la révolte des dix tribus, mais que Dieu a autorisé le pouvoir qui s'est établi par cette révolte.

10° Que Jéroboam n'a pas été puni pour avoir usurpé un pouvoir qui ne lui appartenait pas, mais pour avoir oublié les ordonnances et les préceptes du Seigneur.

11° Que la loi qui donne le droit héréditaire des couronnes a été établie ou confirmée, non dans l'intérêt d'une famille, mais dans celui de la société; et que cette loi n'étant pas fondée sur le droit naturel, peut, quand l'intérêt de la société l'exige, être changée ou modifiée de la même manière qu'elle a été établie ou confirmée (1).

Et 12° Que vous n'avez pas sur le *pouvoir usurpé* et le *pouvoir légitime* les mêmes principes que les théologiens, et qu'en conséquence, vous ne pouvez les invoquer en faveur de votre opinion.

Maintenant, je pense que la cause est entendue

---

(1) Ce sont les peuples qui, par ordre de Dieu, ont fait les souverains tout ce qu'ils sont; c'est à eux à n'être ce qu'ils sont, que pour les peuples. Oui, c'est le choix de la nation qui mit d'abord le sceptre entre les mains de leurs ancêtres ; c'est elle qui les éleva sur le bouclier militaire, et les proclama souverains. Le royaume devint ensuite l'héritage de leurs successeurs ; mais ils le durent originairement au consentement libre des sujets : leur naissance seule les mit ensuite en possession du trône ; mais ce furent les suffrages publics qui attachèrent d'abord ce droit et cette prérogative à leur naissance. En un mot, comme la première source de leur autorité vient de nous, les rois n'en doivent faire usage que pour nous.

(MASSILLON.)

et que l'opinion publique est à même de décider
si je vous ai, comme vous l'avez publié,

« Fourni l'occasion de démontrer à vos amis et à vos en-
» nemis, que votre foi politique, comme votre foi religieuse,
» s'appuie sur les autorités les plus vénérées et sur les plus
» inébranlables fondemens. »

<hr>

ERRATA.

Page 23, ligne 37, au lieu de : *Que ton ame*,
lisez : *Que toute ame*.

L'*Emancipateur* a, dans son numéro du 28 juillet 1839, publié l'article suivant :

« Au service célébré à la Cathédrale, en l'honneur des *héros* de Juillet, on n'a vu que trois conseillers municipaux, y compris M. le second adjoint faisant les fonctions de maire. Le tribunal n'y assistait pas, et l'Eglise eut été complètement déserte, si le Collége n'y avait envoyé ses élèves. En voyant ces jeunes gens passer, plus d'un père de famille se demandait avec étonnement, si c'était une leçon d'insurrection que l'Université envoyait prendre à ses nourrissons. au pied du catafalque glorifié des émeutiers de 1830. »

Les élèves du Collége n'ayant pas été conduits à l'Eglise, le 27 juillet, il était évident qu'aucun père de famille n'avait pu *se demander, en voyant ces jeunes gens passer, si c'était une leçon d'insurrection que l'Université envoyait prendre à ses nourrissons,* et que l'*Emancipateur* avait avancé deux assertions contraires à la vérité. La première pouvait n'être qu'une erreur; mais la seconde n'était qu'une pure invention. L'*Emancipateur* avoua qu'il s'était trompé sur la présence des élèves à l'Eglise. Quant aux réflexions des pères de famille qui avaient *vu passer* des jeunes gens qui ne *passaient* pas, elles sont restées ce qu'elles étaient et ce qu'elles seront toujours. L'erreur à cet égard ne pouvant être invoquée, l'*Emancipateur* prétendit qu'assister au service funèbre du 27 juillet, c'était donner une leçon d'insurrection ou y participer, M. Bouchez, pour lui prouver qu'il se trompait, adressa à la *Gazette Constitutionnelle* les lettres que voici :

A Monsieur le Rédacteur de la *Gazette Constitutionnelle*.

Cambrai, le 20 août 1839.

Monsieur,

Une personne de ma connaissance, m'a écrit dernièrement pour me dire qu'elle ne pensait pas comme moi relativement à l'assistance au service du 27 juillet. Je viens de lui répondre la lettre ci-jointe. Si vous croyez qu'elle mérite d'être publiée, je vous prie de l'insérer dans votre prochain numéro.

J'ai l'honneur d'être, etc.

Bouchez.

Cambrai, le 19 août 1839.

Monsieur,

Vous m'écrivez que vous êtes de l'avis de ceux qui soutiennent que c'est « donner une leçon » d'insurrection que d'assister au service du 27 juillet. » Vous vous trompez, et je vais vous le prouver en peu de mots.

Vous savez, Monsieur, qu'un prêtre peut prier pour tous ceux qui sont censés morts dans le sein de l'Eglise, même pour Alibaud. Eh bien ! cela seul prouve que vous êtes dans l'erreur, parce qu'une fois qu'il est convenu que le prêtre peut célébrer la messe, il est évident qu'on peut aller prier avec lui et comme lui sans pouvoir être justement accusé de *donner une leçon d'insurrection ou de régicide.*

Vous m'objectez que « vouloir par les prières du
» prêtre glorifier les héros de juillet et leurs œuvres,
» et que planter le drapeau politique jusque sur
» les degrés de l'autel, c'est donner une leçon
» d'insurrection. »

Le sacrifice de la messe ne pouvant être offert
pour *glorifier* les morts, quels qu'ils soient, sujets
ou princes, mais pour les recommander à Dieu,
les fidèles qui ne vont à un service funèbre que
pour *glorifier* ceux en mémoire desquels le prêtre
est requis de prier, ne font pas bien ; mais cela
ne prouve pas qu'on fait mal d'assister à la messe
le 27 juillet, pour s'unir au prêtre, prier avec
lui et comme lui.

Vous parlez du *drapeau planté sur les degrés de
l'autel.* Mais que fait ce drapeau ? peut-il donner
une couleur politique aux prières des assistans,
si cette couleur n'est pas dans leurs intentions ?
Une épée placée sur le catafalque d'un officier,
donne-t-elle aux prières de ceux qui l'entourent,
une couleur militaire et guerrière ? Non, Monsieur, le drapeau signifie simplement qu'on prie
pour des combattans, et l'épée, pour un homme
de guerre. Mais ni le drapeau, ni l'épée ne peuvent par eux-mêmes changer le caractère des prières contrairement à l'intention de ceux qui les
font.

Vous voulez bien croire que « j'ai de bonnes
» intentions en assistant au service des héros de
» juillet et que je prie même pour la conversion
» de tous leurs héritiers ; mais vous soutenez qu'il
» n'est pas en mon pouvoir d'enlever à ma pré-
» sence, près de leur cercueil, la signification
» politique qu'elle a. »

Je prie, Monsieur, pour tous ceux qui ont besoin de conversion. Je vais, quand je le peux, à
l'Église le 27 juillet ; je suis le prêtre autant cela
m'est possible ; je prie avec lui et comme lui. Je

m'unis d'intention au ministre de Jésus-Christ pour offrir avec lui le sacrifice de la messe. Pourquoi, dans ce cas, mon intention et celle du prêtre n'en faisant plus pour ainsi dire qu'une, ma présence à l'Eglise aurait-elle une signification politique et pas la sienne ? Il n'y a pas deux manières de bien entendre la messe ni de prier pour les morts. Plusieurs de ceux que vous blâmez, donnaient il y a dix ans une signification jésuitique à ma présence à l'Eglise, le 21 janvier. Vous les condamniez alors, et moi aussi. Vous n'êtes pas aujourd'hui plus sage qu'eux ; vous lui en donnez une politique, pernicieuse peut-être, et scandaleuse. Il n'est pas en mon pouvoir d'empêcher cela. Je le sais. Mais c'est votre faute et non la mienne. J'exerce une œuvre spirituelle de miséricorde, et vous vous en scandalisez. Vous avez tort. Car, c'est un principe incontestable que dans toutes les circonstances où il est permis au clergé de célébrer le sacrifice de la messe, les fidèles (1) font bien d'y assister pour prier avec l'Eglise et comme l'Eglise. Je ne connais aucune exception à cette règle. Il ne peut donc y avoir rien de mal dans l'assistance à la messe du 27 juillet. S'il y en a, il ne peut être que dans l'intention de ceux qui y assistent ou dans leur manière d'y assister. La charité nous défend de condamner la première, parce qu'elle ne nous est pas connue. Quant à la seconde, si elle est contraire au respect dû à la

---

(1) M. Bouchez ne dit pas *tous les fidèles* sans exception, parce que, dans certains cas, il pourrait arriver que tel fidèle en particulier fût dans l'obligation de ne pas aller à un messe à laquelle tous les autres fidèles pourraient assister. Mais ce n'est pas là ce que soutient l'*Emancipateur*. Il prétend que personne ne peut assister au service du 27 juillet sans donner une leçon d'insurrection ou sans y participer ; ce qui est une erreur ; car l'Eglise invite tous les fidèles à ce service ; ce qu'elle ne ferait certainement pas, si personne ne pouvait y assister sans pécher.

maison de Dieu et au sacrifice de la messe, blâmez-la, condamnez-la, je vous applaudirai. Mais ne dites pas que c'est un mal d'y assister, parce que vous avanceriez une chose contraire à l'esprit de l'Eglise.

Vous prétendez que « le gouvernement n'appelle » les fonctionnaires au service du 27 juillet, que » pour avoir leur adhésion publique aux faits qui » se sont passés en 1830. »

C'est là une assertion sans preuve. Le roi ne demande aux fonctionnaires que ce qu'il réclame des évêques, « les suffrages que l'Eglise accorde aux Chrétiens morts dans son sein, et rien de plus. » Les fonctionnaires, comme les autres fidèles, ne sont appelés au service que par l'intermédiaire du clergé. Celui-ci se chargerait-il de les y inviter, non pour prier, mais pour donner leur adhésion à des faits quelconques? Vous ne le croyez pas.

Vous me demandez « si je voudrais figurer par» mi les assistans à une messe célébrée pour Ali» baud, surtout s'ils avaient déclaré vouloir hono» rer la mémoire de ce régicide (1). »

Un prêtre ne peut célébrer la messe pour *honorer* les morts. S'il le faisait, je ne devrais pas y assister. Mais je le répète, toutes les fois qu'il est permis au clergé de dire la messe, les fidèles font bien d'y assister pour s'unir à lui, prier avec lui et comme lui, parce que la prière pour les morts est une

---

(1) Si des individus demandaient une messe, en déclarant vouloir par-là honorer la mémoire d'Alibaud, le prêtre ne devrait pas la dire pour cela, ni les fidèles y assister. Mais s'ils demandaient une messe sans rien dire, ni faire aucune déclaration, le prêtre pourrait la dire, et les fidèles y assister pour s'unir au prêtre, prier avec lui et comme lui. Il n'y aurait en cela rien de contraire à l'esprit de l'Eglise. Et si ces individus trompaient le prêtre, eh bien! dans ce cas, leur malice retomberait sur eux seuls. Mais le prêtre et les fidèles n'en auraient pas moins fait un acte de religion agréable à Dieu.

œuvre spirituelle de miséricorde, que tous les Chrétiens sont tenus d'exercer, selon leur pouvoir.

Vous vous trompez, Monsieur, si vous croyez qu'il suffit qu'un individu soit mort dans le sein de l'Eglise, pour que le clergé soit obligé d'offrir pour lui le sacrifice de la messe, toutes les fois qu'on le lui demande ; il faut encore que « ceux qui y assistent fassent connaître par leur modestie et leur maintien extérieur, qu'ils sont présens non-seulement de corps, mais aussi d'esprit et de cœur, dans une sainte attention. » Sans cette condition, l'Eglise défend au clergé de dire la messe. Mais si j'entendais ce dernier annoncer à tous les fidèles du haut de la chair de vérité : « *Tel jour, service solennel pour le repos de l'ame d'Alibaud,*» croyez-vous qu'il ne me serait pas permis d'y assister et de m'unir au prêtre, pour offrir avec lui le sacrifice de la messe ? Non, cent fois non, vous ne le croyez pas ; car si cela ne m'était pas permis, le clergé, en annonçant ce service aux fidèles, les aurait induits en erreur, ce que nous ne devons jamais supposer.

Si vous avez d'autres objections à me faire, veuillez m'écrire ; je recevrai toujours de vos nouvelles avec plaisir. Adieu, portez-vous bien , et croyez-moi, etc....

Bouchez.

Cambrai, le 24 août, 1839.

Monsieur,

Dans votre réponse à ma lettre du 19 de ce mois, vous dites :

Les principes que vous avez posés sont incontestables, et personne ne songe à discuter là-dessus avec vous. Mais c'est l'application que vous faites de ces principes, ce sont les conséquences que vous en déduisez, qui sont fausses et insoutenables.

Toutes les fois qu'il est permis au clergé de dire la messe, les fidèles font bien d'y assister, pour prier avec l'Eglise et comme l'Eglise. Tel est le principe que j'ai posé et que vous admettez comme incontestable. De ce principe je tire la conséquence que je fais bien d'assister au service du 27 juillet, pour m'unir à l'Eglise, prier avec elle et comme elle. Prouvez-moi, Monsieur, que cette *conséquence est fausse et insoutenable.*

Vous me demandez *si c'est un acte pur et simple de dévotion qu'ont en vue ceux qui commandent le service des héros de juillet.*

Je n'en sais rien ni vous non plus. Mais nous devons toujours le supposer jusqu'à preuve contraire, comme l'Eglise elle-même le suppose; car personne ne peut juger du fond des cœurs. Mais les intentions fussent-elles mauvaises, j'aurais encore raison, et vous, tort. Vous savez qu'on abuse tous les jours des meilleures choses, et combien de particuliers font souvent célébrer des services funèbres sans se conformer en cela à l'esprit de l'Eglise, et par conséquent sans avoir en vue un acte pur et simple de dévotion. Cependant vous trouvez bon que les fidèles y assistent pour prier avec l'Eglise et comme l'Eglise. Pourquoi donc me faire un crime d'assister au service du 27 juillet, sous prétexte que ceux qui le commandent, n'ont pas en vue un acte pur et simple de dévotion? Est-ce que vous jugez un service commandé pour satisfaire l'orgueil et l'ambition, plus conforme à l'esprit de l'Eglise, plus agréable à Dieu, qu'un service commandé dans des vues politiques? Et si je puis assister au premier sans participer à l'orgueil et à l'ambition de ceux qui le font célébrer, pourquoi ne pourrais-je pas aller au second sans prendre part aux vues politiques de ceux qui le commandent?

Vous pensez que *l'évidence et le jugement des*

*masses doivent compter pour quelque chose dans toute
discussion logique* (1).

Qu'entendez-vous ici par *toute discussion logique?*
les masses ont-elles de la logique, et les admettez-
vous à discuter la question de savoir si l'on fait
bien ou mal d'assister à une messe à laquelle
l'Eglise invite tous les fidèles? Expliquez-vous
clairement.

Vous croyez que *ceux pour lesquels on fait prier le
27 juillet, sont des insurgés, que ce n'est que parce
qu'ils se sont révoltés, qu'on exige des prières pour eux,
et que c'est en conséquence la révolte qu'on veut glorifier.*

Vous vous trompez, Monsieur; ceux qui font
prier le 27 juillet, ne croient pas, comme vous,
que les citoyens qui ont combattu en 1830, soient
des révoltés. Ils sont, au contraire, persuadés que
le combat qui a été livré à cette époque, ne peut
être qualifié de révolte. Sans examiner ici s'ils ont
raison ou non, je dis qu'ils peuvent être tout aussi
sincères dans leur opinion à cet égard, que vous
dans la vôtre. Vous ne pouvez donc, lorsqu'ils
font prier, leur supposer l'intention de vouloir
glorifier la révolte.

Mais j'admets que c'est pour cela qu'ils deman-
dent des prières. Eh bien! dans ce cas, je réponds
que ce n'est pas pour cela que l'Eglise prie. Je puis
donc aller prier avec elle et comme elle, sans
glorifier la révolte, puisque je ne fais que ce que
fait l'Eglise.

Vous prétendez qu'en *assistant à un service parmi
les apologistes de la révolte, je scandalise bien des
gens.*

---

(1) *L'Emancipateur croit que le jugement des masses doit
compter pour quelque chose.* Si ce journal n'avait pas été aveuglé
par la politique, les funérailles de Carneaux, en 1838, lui
auraient appris de quelle manière les *masses* décident les questions religieuses.

Malheur à ceux qui se scandalisent! Les fidèles qui assistent au service du 27 juillet ou à tout autre, non pour prier avec le prêtre et comme le prêtre, mais pour adhérer à des faits quelconques ou prendre part à une manifestation politique, quelle qu'en soit la couleur, rouge, blanche ou tricolore, commettent une faute, aussi bien que ceux qui ne vont à l'Eglise, un autre jour, que pour voir, examiner ou *narguer* les personnes qui s'y trouvent. Mais comme je puis toujours assister à la messe sans participer en rien aux intentions de ceux qu'une curiosité criminelle y conduirait, de même je puis aller au service du 27 juillet sans prendre la moindre part aux manifestations politiques de ceux qui n'y assisteraient que pour glorifier la révolte ou donner leur adhésion à des faits quelconques. Mes bonnes intentions, je le sais, ne justifieraient pas ma présence à un spectacle défendu ou même indifférent; mais il n'en est pas de même de mon assistance à une messe à laquelle l'Eglise invite tous les fidèles, et qui est l'action la plus auguste et la plus sainte de la religion que nous professons. Tout le monde sait que je ne dois y assister que pour prier, et personne n'a le droit de supposer que j'y vais pour un autre motif, sous prétexte qu'il y en a qui n'y vont que par politique. Ce n'est donc pas, dans ce cas, ma présence au service du 27 juillet, qui peut être blâmable, mais l'interprétation que vous lui donnez. Malheur à ceux qui se scandalisent !

Vous me dites que *les bons catholiques ont soin de ne point paraître au service des héros de juillet.*

J'ignore si ceux qui n'assistent pas à ce service sont tous de bons catholiques ou non. Je les suppose tels ; mais je n'examine pas ce qu'ils sont ni ce qu'ils font, parce que ce ne sont pas eux qui doivent être la règle de ma conduite, mais l'Eglise. L'Eglise prie, le 27 juillet, elle m'invite à prier avec elle, et j'y vais, quand je le peux. Je suis le pasteur, et non les brebis, parce que celles-ci peuvent quelquefois s'égarer ; mais le pasteur uni au chef, jamais. Quand donc je vois des brebis aller d'un côté, et le pasteur de l'autre, je quitte ces brebis et je suis le pasteur, parce qu'avec le pasteur uni au chef, fût-il au milieu de ceux que vous regardez comme des loups, je suis assuré d'être dans la bonne voie. Telle est ma règle. Si ce n'est pas la vôtre, ne vous vantez pas d'être bon catholique.

Vous me répétez que *l'Eglise est obligée de prier toutes les fois qu'on la requiert de prier pour des Chrétiens morts dans son sein.*

Vous oubliez donc que je vous ai déjà répondu que l'Eglise ne permet de dire la messe qu'à condition que *ceux qui y assistent fassent connaître par leur modestie et leur maintien extérieur, qu'ils sont présens, non-seulement de corps, mais aussi d'esprit et de cœur, dans une sainte attention* (1).

Je vous ai dit dans ma première lettre que s'il n'était pas permis aux fidèles d'assister au service du 27 juillet, l'Eglise ne les y inviterait pas. Cela vous a gêné, je le vois. Et en cherchant à vous tirer d'embarras, vous calomniez l'Eglise sans vous en apercevoir. Vous me répondez *qu'elle transmet aux fidèles la requête qui lui a été faite, et qu'elle leur laisse le soin d'y démêler le sens secret que la politique peut y avoir caché* (2).

Je ne savais pas encore, Monsieur, qu'il était quelquefois libre aux fidèles de démêler dans les invitations que l'Eglise leur adressait, ce qu'il

----

(1) Concile de Trente.

(2) Ce que dit ici *l'Emancipateur* sent le protestantisme. L'Eglise n'annonce jamais rien de mal aux fidèles. Ils ne peuvent donc jamais être appelés à démêler, dans les annonces qu'elle leur fait, ce qu'il y a de bon ou de mauvais. On irait loin, si un pareil principe était admis.

pouvait y avoir de bon ou de mauvais. Je croyais, au contraire, que lorsqu'elle leur annonçait quelque chose, on devait être assuré qu'il ne pouvait y avoir rien de préjudiciable au salut des ames qui lui sont confiées, et que toute discussion à cet égard n'était plus possible sans tomber dans le protestantisme.

Mais j'arrive à la *requête* faite à l'Eglise ? Et quelle est-elle ? C'est, selon vous, une *requête* dont le sens secret est pernicieux, impie, immoral, et qui ne permet pas aux vrais catholiques d'y obtempérer sans *donner une leçon d'insurrection ou sans y participer*, c'est-à-dire sans scandale et sans crime. Quoi ! vous osez dire que l'Eglise transmettrait aux fidèles une pareille *requête* sans instruction, sans avertissement, laissant aux savans et aux ignorans le soin d'y démêler le sens criminel que la politique y aurait caché, et vous êtes catholique ! Non, Monsieur, je ne crains pas de vous le dire, c'est là calomnier l'Eglise et donner *une nouvelle preuve de la perturbation morale que les révolutions jettent dans les esprits.*

Telle est, Monsieur, ma réponse aux nouvelles objections que vous m'avez adressées. Vous auriez désiré voir publier vos lettres avec les miennes. Je crois la chose bonne et possible. Veuillez engager un journal de votre opinion, l'*Emancipateur*, par exemple, à publier notre correspondance. De mon côté, j'engagerai la *Gazette Constitutionnelle* à en faire autant. De cette manière, tous les lecteurs seront à même de juger de quel côté se trouve la vérité.

Adieu, portez-vous bien, et croyez-moi toujours, etc.

Bouchez.

Cambrai, le 31 août 1839.

Monsieur,

Je vous prie de vouloir bien publier dans votre prochain numéro, la lettre ci-jointe, dont je n'ai pu, malgré mes instances, obtenir l'insertion dans l'*Emancipateur.*

A M. le Rédacteur de l'*Emancipateur,*

Cambrai, le 28 août 1839.

Monsieur,

La personne avec laquelle j'ai eu une correspondance sur la question de savoir si c'était un mal d'assister au service du 27 juillet, *vous charge de me répéter* dans votre numéro du 28 de ce mois, « que l'*Emancipateur* consent à annoncer dans ses » colonnes et à envoyer en supplément à ses lec- » teurs, la correspondance particulière qui a eu » lieu entr'elle et moi, si je veux livrer textuelle- » ment cette correspondance à l'impression, et » lui en envoyer un nombre d'exemplaires égal à » celui des abonnés de l'*Emancipateur.* » La personne dont il s'agit, ayant employé la voie de votre journal pour me répéter cette offre, j'espère, Monsieur, que vous me permettrez de me servir de la même voie pour lui dire que je l'accepte, à condition qu'elle et moi, nous paierons les frais d'impression, à raison du nombre de lignes ou de pages que chacun de nous aura écri- tes ou jugera à propos d'ajouter. Je mets cette condition, parce que je suis persuadé que la per- sonne avec laquelle j'ai correspondu, est trop juste et trop généreuse, pour vouloir me faire payer tous les frais d'impression, d'une corres- pondance à laquelle je n'ai pas donné lieu.

La même personne use encore de la voie de votre journal, pour m'accuser de « réfuter des objec-
» tions que je me pose à ma façon, de me procla-
» mer meilleur catholique que ceux qui ne vont
» pas au service des héros de juillet, de condam-
» ner l'*Ami de la Religion;* » et tout cela, sans signer, ce qui n'est pas bien.

Je ne puis, Monsieur, passer sous silence une pareille accusation, et vous êtes trop impartial et trop loyal, pour ne pas me permettre de la re-
pousser dans votre journal, et de répondre à cette personne, que je n'ai réfuté que les objections qu'elle m'a faites, que je ne me proclame pas meilleur catholique que ceux qui ne vont pas au service des héros de juillet, et que je ne condamne pas « l'*Ami de la Religion*, » parce que ce journal ne soutient pas que c'est un mal d'aller au service du 27 juillet, pour s'unir à l'Eglise, prier avec elle et comme elle, et qu'on ne peut y assister sans « donner une leçon d'insurrection ou sans y
» participer. »

Je vous prie de vouloir bien publier cette lettre dans votre prochain numéro. Je compte à cet égard sur votre impartialité et votre loyauté.

J'ai l'honneur d'être, votre tout dévoué,

Bouchez.

Telle est, Monsieur, la lettre dont l'*Emancipa-
teur* a refusé l'insertion, refus que la loi du 25 mars 1822 punit *d'une amende de cinquante francs à cinq cents francs*. Je ne lui ai demandé cette inser-
tion qu'au nom de l'impartialité et de la loyauté, et il n'a pas voulu me l'accorder. Je n'aurais jamais cru, je l'avoue, qu'ayant accueilli l'attaque, il eut repoussé la défense. En 1832, quand j'ai pris la défense des Frères de la doctrine chrétienne, j'ai trouvé plus de générosité dans la *Feuille de Cambrai*. Elle a, sans y être obligée, publié avec

loyauté une très longue lettre que je lui ai adressée en réponse à ses articles.

Si la personne avec laquelle j'ai eu une correspondance avait répondu à mes lettres publiées
dans la *Gazette Constitutionnelle*, je n'aurais eu rien
à dire. Elle eut été dans son droit. Mais ce n'est
pas ce qu'elle a fait. Dans l'impossibilité de me
répondre, elle s'est retranchée dans un journal
qui me ferme ses colonnes. Et de 'là , comme
d'une forteresse dont on m'interdit les approches,
elle lance ses traits contre moi. Elle m'accuse de
mauvaise foi , en disant qu'*elle me laissera réfuter
des objections que je me pose à ma façon.* Je repousse
cette accusation comme calomnieuse , et pour
prouver que je n'ai réfuté que des objections qui
m'ont été faites , je propose de soumettre notre
correspondance à des juges impartiaux , choisis de
part et d'autre. Ces juges décideront de quel côté
se trouvent la loyauté et la bonne foi , et feront
connaître leur décision à tous nos concitoyens.

Les principales raisons que la personne de ma
connaissance m'a adressées pour soutenir son opinion sur l'assistance au service du 27 juillet , ont
été publiées dans l'*Emancipateur* du 2 et du 23
courant. Elle ne peut donc se plaindre que je les
aie combattues dans la *Gazette Constitutionnelle* du
22 et du 27, sous prétexte qu'elle me les avait
adressées en particulier, car je ne suppose pas
qu'elle ait imaginé ce moyen pour m'empêcher
de les discuter et de les combattre publiquement.

Quant à ce qu'elle dit de l'approbation que le
pape et le clergé donnent à l'*Ami de la Religion* ,
je réponds qu'on n'approuve pas un journal comme
un livre, et que le pape et le clergé ne mettent pas
leur approbation à chaque numéro de l'*Ami de la
Religion*. Qu'on me présente avec l'approbation
du pape ou du clergé, un numéro de ce journal
dans lequel il soit dit que *c'est un mal d'assister au*

service du 27 juillet, pour s'unir à l'Eglise, prier avec elle et comme elle, et je me rendrai.

Je termine ici ce que j'ai à dire à ce sujet. J'y reviendrai une autre fois, si cela est nécessaire,

J'ai l'honneur d'être, etc.

BOUCHEZ.

Réponse que M. le Rédacteur de l'*Emancipateur* avait d'abord faite en particulier à M. Bouchez, et dont il a ensuite exigé l'insertion dans la *Gazette Constitutionnelle*.

29 *août*.

M. Bouchez n'a pas sans doute la prétention de me faire dupe du subterfuge à l'aide duquel il est parvenu à extraire des lettres que je lui ai écrites en réponse aux siennes, quelques objections tronquées qu'il se pose, comme je l'ai dit, à sa façon, dans la *Gazette Constitutionnelle*.

Je ne conçois donc pas qu'il puisse se plaindre que *la personne de sa connaissance n'ait pas signé*, en lui répétant dans l'*Emancipateur* ce qu'elle lui a écrit.

Dans l'accommodement qu'il me propose aujourd'hui pour livrer notre correspondance à la publicité, je ne puis voir qu'un faux-fuyant.

Je n'ai point cherché cette longue discussion; je la crois, moi, tout-à-fait superflue. Je n'ai donc aucun intérêt à la publier, et dès lors, je ne suis nullement tenu à entrer dans les frais d'impression.

Si M. Bouchez partage un avis contraire. libre à lui de publier cette correspondance: je consentais, de mon côté, à lui fournir tous les moyens de publicité qui sont à ma disposition. Mais il n'avait pas deux partis à prendre. Pour être *loyal et impartial*, ou il fallait publier toute la correspondance textuellement *sans y rien ajouter, sans en rien retrancher*, ou il fallait n'en point dire un mot.

M. Bouchez ayant imaginé un expédient pour extraire de mes lettres ce que bon lui semblerait et se donner facilement raison, j'ai dû croire qu'il continuerait à réfuter ainsi, sans les reproduire dans toute leur étendue, mes objections tirées de l'*Ami de la Religion*, dont M. Bouchez a récusé l'autorité, malgré l'assentiment donné à ce journal, par le clergé et par le pape.

C'est cette tactique que j'ai signalée dans l'*Emancipateur*. Du reste, je n'ai formulé aucune accusation contre M. Bouchez; mais j'ai prévenu mes lecteurs que je le laisserais disputer tout seul, se poser et réfuter telles et telles objections.

La réclamation que m'adresse M. Bouchez n'est donc pas fondée, et je ne l'insère pas pour éviter de rallumer entre nous une polémique, à laquelle il serait de toute injustice de condamner à perpétuité les lecteurs de l'*Emancipateur*.

Je prie du reste M. Bouchez d'agréer l'assurance de mon entier dévouement.

H. CARION.

Réponse de M. BOUCHEZ à la lettre qu'on vient de lire.

Cambrai, *le 3 septembre* 1839.

MONSIEUR ,

Je n'ai point prononcé de condamnation contre vous, mais la loi du 25 mars 1822 porte que les journalistes *seront tenus d'insérer la réponse de toute personne nommée ou désignée dans un journal, sous peine d'une amende de cinquante francs à cinq cents francs*. La lettre dont vous avez refusé l'insertion, ne contenait rien qui ne pût être publié. Votre refus n'était donc pas fondé.

Je n'ai réfuté, Monsieur, que les objections que vous m'avez posées vous-même ; ne pouvant plus me répondre, vous m'accusez de les avoir *tronquées*. Vous n'avez sans doute pas *la prétention de faire* le public *dupe* d'un pareil *subterfuge*.

Vos lecteurs ne connaissaient pas la personne qui m'accusait dans votre journal du 28 août dernier, *de réfuter des objections que je me posais à ma façon*. Pourquoi donc leur cachait-elle son nom ?

Je vous ai proposé de faire imprimer notre correspondance, à condition que nous paierions les frais d'impression à raison du nombre de pages que chacun de nous aurait écrites, ou de la soumettre à des juges impartiaux, choisis de part et d'autre, pour faire connaître la vérité à tous nos concitoyens. Vous ne voyez dans cet *accommodement qu'un faux-fuyant*. Mais le public pourrait bien ne voir que votre défaite et votre condamnation dans le refus d'accepter un accommodement aussi juste que celui que je vous ai proposé.

Vous m'accusez d'avoir *tronqué* vos objections, vous devez le prouver, car vous savez que c'est à l'accusateur, et non à l'accusé, de prouver l'accusation, et que s'il ne le fait pas, il doit être condamné. Vous avez donc le plus grand intérêt à la publication de notre correspondance. Vous prétendez n'avoir point *cherché cette longue discussion*, mais est-ce moi qui ai imaginé que *plus d'un père de famille, en voyant passer des jeunes gens* qui ne passaient pas, *se demandait avec étonnement si c'était une leçon d'insurrection que l'Université envoyait prendre à ses nourrissons ?* (1)

Vous n'aviez pas, Monsieur, *deux partis à prendre. Pour être loyal et impartial*, vous deviez, non m'écrire en particulier, comme vous l'avez fait, pour empêcher toute discussion publique, mais insérer mes lettres et y répondre, ou avouer franchement que vous aviez été trop loin, que vous ne pouviez plus soutenir la discussion d'une manière grave et sérieuse, et tout le monde aurait applaudi à votre sincérité et à votre loyauté.

Je n'ai *extrait* de vos lettres que les objections qui m'ont paru sérieuses et dont les principales avaient été publiées dans l'*Emancipateur* du 2 et du 23 août dernier; mais je n'ai rien dit des railleries et des personnalités que je méprise, parce que personne n'ignore qu'on n'y a recours qu'au défaut de bonnes raisons.

Quant aux *objections tirées de l'Ami de la Religion* dont vous avez mal à propos invoqué l'autorité, puisqu'il ne soutient pas, comme vous, qu'*assister au service du 27 juillet c'est donner une leçon d'insur-*

---

(1) Suivant les réflexions des pères de famille que l'*Emancipateur* a imaginées, ce n'était pas l'Université représentée par les professeurs, qui donnait la leçon d'insurrection, puisque celle-ci envoyait seulement *prendre* cette leçon ; ce qui signifie évidemment qu'elle ne la donnait pas. Dans la pensée de l'*Emancipateur*, c'était bien l'Université qui la donnait; mais trop préoccupé sans doute de la politique, il a fait dire aux pères de famille le contraire de ce qu'il voulait leur faire dire.

rection *ou y participer*, je vous ai répondu qu'on n'approuvait pas un journal comme un livre, que le pape et le clergé ne mettaient pas leur approbation à chaque numéro de l'*Ami de la Religion*, et que je me rendrais, si vous me présentiez, avec l'approbation du pape ou du clergé, un numéro de ce journal dans lequel il fût dit que *c'est un mal d'assister au service du 27 juillet pour s'unir à l'Eglise, prier avec elle et comme elle.*

Vous n'aviez donc aucune *tactique* à signaler dans l'*Emancipateur*, et vous ne m'avez accusé de réfuter des objections que je me posais à ma façon que pour couvrir votre défaite aux yeux de vos lecteurs.

La réclamation que je vous ai adressée à ce sujet était bien fondée, et aux termes de la loi, vous deviez l'insérer. Vous ne l'avez point fait, *pour éviter*, dites-vous, *de rallumer entre nous une polémique à laquelle il serait de toute injustice de condamner à perpétuité les lecteurs de l'Emancipateur.* C'est là une plaisanterie; car la polémique dont vous parlez n'a jamais été *allumée entre nous.* Vous avez au contraire tout fait pour m'empêcher d'y mettre le feu, et après m'avoir répondu le 2 août, comme si j'avais accusé l'Eglise *de donner des leçons d'insurrection*, vous ne m'avez pas même permis de publier dans votre journal une seule ligne pour prouver la fausseté de cette accusation. Le motif pour lequel vous avez refusé d'insérer ma réclamation est donc ridicule, pour ne rien dire de plus.

Vous vous êtes trompé, Monsieur, en avançant que c'était *donner une leçon d'insurrection que d'assister au service du 27 juillet*, et au lieu d'en convenir franchement ou de combattre loyalement, vous ne parlez que de *subterfuge*, d'*objections tronquées*, de *faux-fuyant*, d'*expédient* et de *tactique*. C'est aux lecteurs de décider si c'est là de la franchise et de la loyauté.

J'ai l'honneur d'être, etc.

BOUCHEL.

Cambrai, imp. de J. CHANSON.